GISELLE BRAMS

MÄDCHEN wissen mehr

Das große Buch voller fantastischer Fakten, genialem Wissen und Spaß für kluge Mädchen

KROKO

FSC
www.fsc.org
MIX
Papier aus verantwortungsvollen Quellen
Paper from responsible sources
FSC® C105338

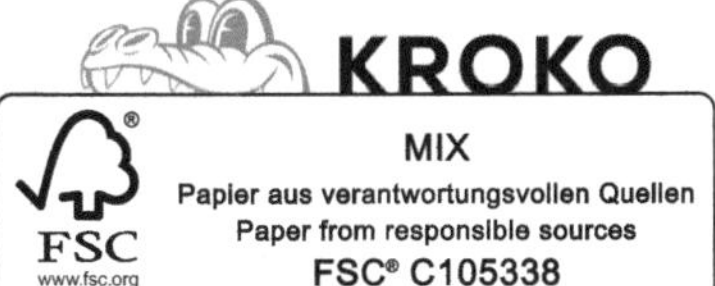

Inhaltsverzeichnis

Vorwort

Mädchen sollten neugierig sein? Ja, auf jeden Fall! Sei neugierig auf dein Leben! Wenn du neugierig bist, wird dir nie langweilig. Wenn du neugierig bist, ist dein Leben eine einzige große Entdeckungsreise. Dann gibt es für dich nichts Spannenderes, als die Welt mit ihrem Reichtum und ihren vielen kleinen und großen Besonderheiten zu erkunden.

Zu nicht weniger möchte dich dieses Buch einladen. Du wirst etwas über die faszinierende Natur, die unglaublichen Fähigkeiten von Tieren, fremde Sitten und Gebräuche, die Vielfalt unserer Erde und die (zu manchmal verrückten Dingen fähigen) Menschen, die sie bewohnen, erfahren.

Damit du dich leichter zurechtfindest, sind die faszinierenden Fakten in verschiedene Kategorien eingeteilt. Nicht alle werden dich auf den ersten Blick gleich stark interessieren. Einmal in alle hineinzuschnuppern und weiterzulesen lohnt sich aber auf jeden Fall. Denn du wirst spannende Neuigkeiten erfahren, die dich ganz sicher ein bisschen schlauer machen werden.

Viel Spaß dabei!

Wir Menschen ... sind auch nur Tiere

Fakten über Mädchen und Pferde

Bei einer Umfrage des Statistischen Bundesamtes kam heraus, dass ca. 84 Prozent der Mädchen zwischen 4 und 13 Jahren eine Vorliebe für Pferde haben. Sie interessieren sich nicht nur für Pferde, sondern auch für Filme, Bücher, Quiz und Kartenspiele über Pferde. Falls du zu dieser großen Gruppe gehörst, weißt du vielleicht, dass Pferde ein hervorragendes Gedächtnis haben. Sie können sich Sachen, die sie einmal gelernt haben, sehr lange merken. Leider gehören dazu auch schlechte Erlebnisse. Allein das sollte Grund genug sein, ihnen mit Freundlichkeit und Respekt zu begegnen. Wie manche andere Tiere auch, teilen Pferde durch ihre Körpersprache mit, wie es ihnen geht. Auch wenn es manchmal so aussieht, gehört Lächeln leider nicht dazu. Ziehen Pferde ihre Lippen auseinander, können sie besser schnuppern. Ein entspanntes Pferd hat ein geschlossenes Maul mit leicht hängender Unterlippe.

2

Tierische Lernhilfe

Jedes Kind hat seine eigenen Talente. Aber nicht jedes Kind kann alles gleich gut. Wer rechnen kann oder tanzen oder singen, kann beispielsweise trotzdem ein Problem damit haben, laut vorzulesen. Kennst du das? Aus einzelnen Buchstaben wollen einfach keine Worte werden. Unter Druck wird es sogar noch schlimmer und du bekommst kein Wort heraus. Deine Eltern, Großeltern oder Lehrer wollen helfen, aber in ihrer Gegenwart fühlst du dich gehemmt und wirst nervös? Anders ist es mit deinem Haustier. Wenn du ihm vorliest, ist es ihm völlig egal, ob du Fehler machst oder langsam liest. Es mag dich so, wie du bist, und beurteilt dich nicht nach dem, was du noch nicht so gut kannst. Warum liest du also nicht ab und zu deinem Hund oder deiner Katze etwas vor? Du bekommst mehr Übung beim Lesen und dein Tier genießt deine Gesellschaft.

Einzigartige Abdrücke

Du weißt vielleicht, dass jeder Mensch ganz persönliche Fingerabdrücke hat, über die man ihn leicht identifizieren kann. Die Polizei nutzt das, um Menschen zu finden, die etwas angestellt haben. Aber wusstest du, dass unsere Zungenabdrücke genauso individuell wie die Fingerabdrücke sind? Jede Zunge hat eine leicht unterschiedliche Form und auch die Anzahl der Geschmacksknospen auf der Zunge unterscheidet sich von Mensch zu Mensch. Wäre es nicht so kompliziert, könnte man dich also auch an deinem Zungenabdruck erkennen. Doch damit nicht genug, selbst der Abdruck des Pos auf einem Stuhl ist von Mensch zu Mensch unterschiedlich und ebenso besonders wie die Iris in seinem Auge. Das ist übrigens selbst bei Zwillingen so, die sonst nur schwer zu unterscheiden sind. Ihr Erbgut ist gleich, doch ihre Fingerabdrücke und ihre Iris sind es nicht.

Wer ist gefährlicher: Mensch oder Hai?

Haie gelten als gefährlich. Deshalb haben viele Menschen Angst vor Haien. Doch Haie sind faszinierende Tiere, die schon im Wasser schwammen, als noch Dinosaurier unsere Erde bevölkerten. Manche von ihnen, wie der nur 20 cm lange Zwerghai oder der bis zu 14 Meter lange Walhai, sind für Menschen völlig ungefährlich. Andere, wie der Weiße Hai oder der Tigerhai, nicht. Aber uns Menschen gehen Haie lieber aus dem Weg, denn wir gehören nicht zu ihrer normalen Beute. Manchmal kommt es leider dennoch zu Unfällen, in denen ein Hai sozusagen aus Versehen einen Menschen im Wasser mit seiner Beute verwechselt. Umgekehrt ist es leider nicht so. Viele Haiarten stehen heute auf der Liste der bedrohten Tiere, weil sie von Menschen grausam gejagt werden. Der Grund: Ihre Flossen gelten in einigen Ländern als beliebte Delikatesse.

Was ist Seekrankheit?

Bist du schon mal auf einem Boot oder Schiff gefahren und dir ist ganz schwindelig und schlecht geworden? Dann warst du von den Wellen seekrank. So etwas passiert nicht nur Landratten jeden Alters, sondern gelegentlich sogar erfahrenen Seeleuten. Die Ursache liegt in den widersprüchlichen Sinneseindrücken bei unruhiger See. Dein Gleichgewichtssinn gerät durch das ständige Schlingern und Schaukeln durcheinander und dein Körper reagiert mit Unwohlsein darauf. Je kleiner das Boot ist, desto stärker schaukelt es, je größer das Schiff ist, desto ruhiger liegt es im Wasser. Auf einer längeren Schiffsreise lassen die Symptome meist nach ein paar Tagen nach, was bedeutet, dass sich dein Körper an das Schwanken gewöhnt hat. Gehörlose Menschen, bei denen das Innenohr geschädigt ist, sind übrigens gegen Seekrankheit immun.

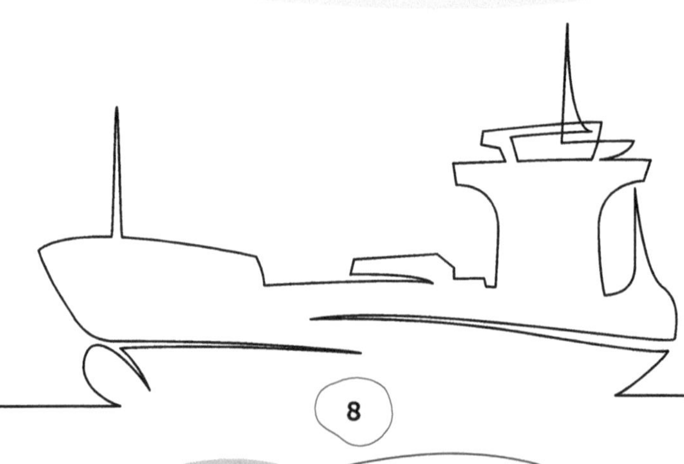

Lachen ist gesund

Forscher haben herausgefunden, dass Menschen, die viel lachen, länger leben. Der Hauptgrund ist wohl: Lachen macht glücklich. Und es ist ansteckend. Menschen, die viel lachen, haben meistens mehr Freunde und sind weniger allein. Und Lachen bekämpft den Stress. Wenn du lachst, vergisst du einfach für den Moment, was dir gerade Sorgen bereitet. 300 Muskeln werden beim Lachen angespannt und wieder entspannt. Es ist wie Mini-Sport, der deine Organe und dein Gehirn mit mehr Sauerstoff versorgt. Automatisch fühlst du dich hinterher besser. Dazu kommt, Lachen erhöht den Spiegel eines für die körpereigenen Abwehrkräfte wichtigen Wachstumshormons und stärkt somit dein Immunsystem. Wer viel lacht ist folglich seltener krank. Das funktioniert sogar schon, wenn du nur absichtlich die Mundwinkel nach oben ziehst und so tust, als ob du lachst. Aber warum nur so tun? Gründe einmal herzhaft loszulachen, gibt es eigentlich jeden Tag, oder?

Wissenswertes über Haare

Haare, wie auch unsere Finger- und Fußnägel, bestehen vor allem aus dem Eiweiß Keratin. Aber woran liegt es, dass manche Menschen glattes und andere sehr lockiges Haar haben? Welche Form deine Haare haben, hängt von der Haarwurzel ab. Lockige Haare wachsen aus einer flachen und glatte Haare aus einer runden Haarwurzel heraus. Ist sie oval, dann hast mit großer Wahrscheinlichkeit welliges Haar. Deine Haarfarbe entsteht durch Pigmente. Wenn Menschen älter werden, stellt ihr Körper nicht mehr so viele Pigmente her und die Haare werden grau oder ganz weiß. Auch die Anzahl der Kopfhaare ist unterschiedlich und hat etwas mit der Haarfarbe zu tun. Blonde Menschen haben die meisten Haare, im Durchschnitt ca. 150.000. Schwarzhaarige folgen mit ca. 110.000 Haaren, Braunhaarige besitzen ca. 100.000 und Rothaarige ca. 75.000 Haare auf dem Kopf. Meist sieht man das aber nicht, denn die Dicke der einzelnen Haare spielt ja auch noch eine Rolle.

8

Das Wunderwerk der Sinne

Um die Schönheit unserer Welt wahrnehmen zu können, benötigst du deine fünf Sinne. Stell dir einmal vor, du könntest dein Lieblingsessen nicht schmecken, die Stimme deiner Mama oder deine Lieblingsmusik nicht hören, keinen Regenbogen oder keine wunderschöne Blume bestaunen, die Weichheit des Fells deines Haustiers nicht fühlen oder den leckeren Kuchen im Ofen nicht riechen Deine Leben wäre sehr arm. Es gibt aber Menschen, bei denen ein Sinnesorgan nicht gut oder gar nicht funktioniert und die trotzdem in ihrem Leben gut zurechtkommen. Sie haben gelernt, mehr auf ihre anderen Sinne zu vertrauen und was ihnen fehlt, mit einem anderen Sinn auszugleichen. Konzentriere dich jetzt mal ganz bewusst auf das Sehen, Hören, Riechen, Schmecken und Tasten.

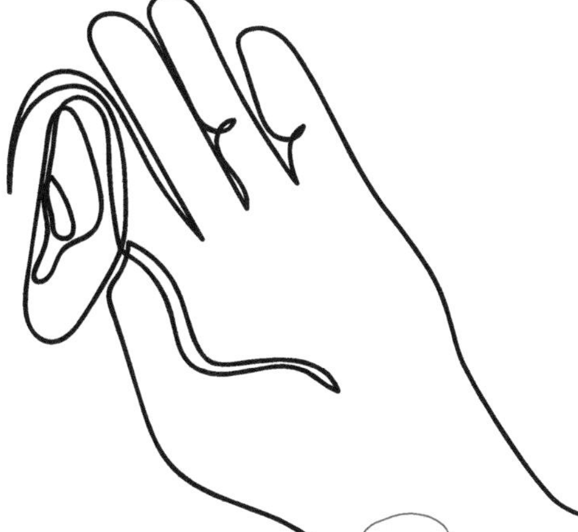

9

Babys haben mehr Knochen

Ein Baby kommt als perfekter kleiner Mensch auf die Welt. Es besitzt alles, was es für sein künftiges Leben braucht. Erstaunlicherweise besitzt es gegenüber einem Erwachsenen sogar etwas zu viel: Knochen. Ein Säugling wird mit mehr Knochen geboren, als er als ausgewachsener Mensch noch hat. Aber keine Sorge, die Knochen gehen nicht verloren, sondern verbinden sich nur miteinander. Denn genau genommen sind es keine einzelnen Knochen, sondern Knochenteile, die sich noch weiterentwickeln und zusammenwachsen. Das beste Beispiel dafür ist der Kopf. Bei Säuglingen besteht der Schädel aus verschiedenen Knochenplatten, die sich noch nicht geschlossen haben. Somit ist er „elastischer". Das ist nicht nur bei der Geburt wichtig, sondern vor allem, weil das Gehirn noch wachsen muss und somit ausreichend Platz braucht.

Nuckelnde kleine Elefanten

In vielen Bereichen ähneln kleine Säugetiere menschlichen Kindern. Elefantenbabys machen da keine Ausnahme. So wie ein Kleinkind erst das Greifen und Laufen lernen muss, lernt ein kleiner Elefant richtig mit seinem Rüssel umzugehen. Am Anfang weiß er noch gar nichts damit anzufangen, schlenkert mit ihm hin und her oder tritt sogar aus Versehen darauf. Wie Babys nuckelt er auch an ihm wie an einem Schnuller. Am Anfang braucht das Elefantenbaby seinen Rüssel noch nicht zum Fressen, denn es trinkt die ersten sieben bis neun Monate noch die Milch seiner Mutter. Aber es lernt von Geburt an, durch das Spielen mit anderen kleinen Elefanten und durch das Beobachten und Nachahmen der erwachsenen Tiere, wie wichtig sein Rüssel ist.

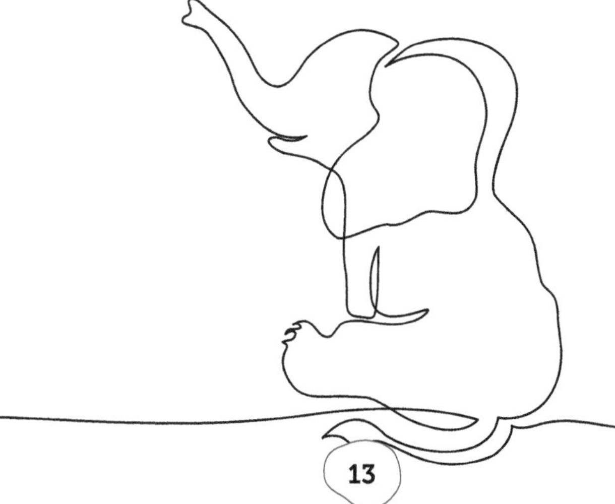

11

Was bedeutet artgerechte Haustierhaltung

Wie du selbst, so hat auch ein Haustier eigene Bedürfnisse. Wenn du die kennst und berücksichtigst, dann wird es sich bei dir wohl fühlen. Denn ein Tier ist kein Spielzeug, sondern ein lebendiges Wesen. Bevor du dir eines anschaffst, solltest du dir überlegen, ob du Zeit und Lust hast, dich täglich um es zu kümmern. Jede Tierart hat unterschiedliche Ansprüche in Bezug auf ihre Umgebung, ihre Gesellschaft und ihr Futter. Darüber solltest du dich vorher informieren und dir überlegen, ob das Tier zu dir und deinem Leben passt. Und wenn du dir mehrere Tiere wünschst, dann auch, ob sie untereinander etwas miteinander anfangen können und sich vertragen. Denn du kannst dir keinen besseren Freund als ein glückliches Haustier wünschen.

Spannende Geschichte(n)

Historische Rap Battles

Beim Battle-Rap geht es darum, sich selbst gut darzustellen und einen echten oder eingebildeten Gegner niederzumachen. Wenn du glaubst, dass Rap Battles eine moderne Erfindung ist, irrst du dich gewaltig. Bereits im fünften Jahrhundert traten Poeten in öffentlichen Wettbewerben gegeneinander an. Bei denen warfen sie sich gegenseitig Beschimpfungen und Beleidigungen an den Kopf. Besonders in den keltischen Kulturen des Nordens waren diese Konkurrenzkämpfe sehr beliebt. Es gibt Geschichten über den nordischen Gott Loki, der auf diese Weise sogar andere Götter beleidigte. Und auch in den Stücken des berühmten Dichters William Shakespeare werden die Rap Battles schon erwähnt.

13

Der Tiffany-Effekt

Jede Zeit hat ihre Modenamen, die eine Zeitlang sehr beliebt sind und nach einer Weile von anderen Namen abgelöst werden. Auch wenn manche Namen nach längerer Zeit wieder modern werden, ordnen wir sie automatisch einer bestimmten Zeit zu. Solltest du in einem historischen Roman etwas über eine Figur namens Tiffany lesen, wird dir das wahrscheinlich unpassend erscheinen, weil du glaubst, dass der Name viel zu modern für die Zeit ist, in der das Buch spielt. Erstaunlicherweise war aber der Name Tiffany im Mittelalter bereits ein sehr beliebter Name. Er war die einfache Abwandlung des Namens Theophania. Etwas Reales, das nicht zeitgemäß und daher unglaubwürdig erscheint, bezeichnet man deshalb heute als „Tiffany-Effekt".

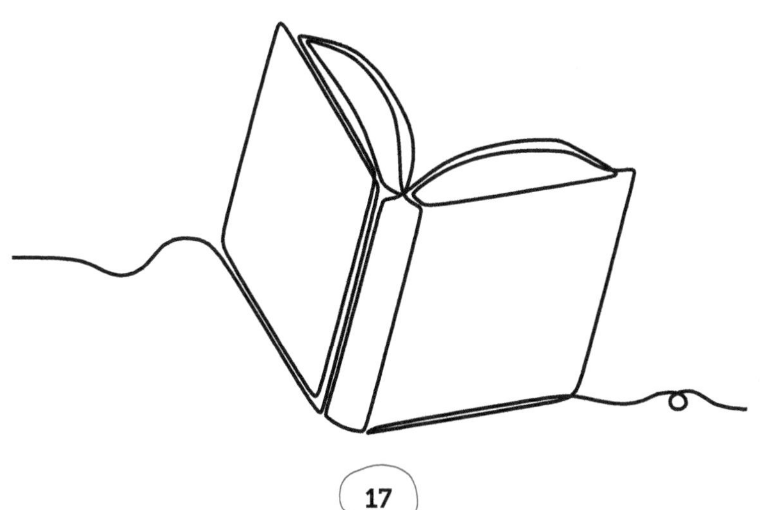

14

Muggel-Quidditch

Um das magische Ballspiel Quidditch zu kennen, brauchst du kein ausgemachter Harry Potter Fan zu sein. Ein Mannschaftssport, bei dem man auf Besen reitet, fasziniert viele Kinder und Jugendliche. Kein Wunder also, dass Quidditch weltweit viele Fans gewonnen hat. 2005 hat das ein paar findige Studenten in den USA auf die Idee gebracht, die Regeln so umzuschreiben, dass es muggeltauglich wird, also von Menschen gespielt werden kann. Wie beim magischen Quidditch spielen zwei Mannschaften gegeneinander und man braucht ebenfalls drei unterschiedlich große Bälle (etwa einen Tischtennisball als Schnatz, einen Softball als Klatscher und einen Handball als Spielball). Die Teams bestehen aus einem Torwart, einem Sucher, einem Treiber und mindestens vier weiteren Spielern. Beim Muggel-Quidditch spielen gemischtge-schlechtliche Teams gegeneinander. Die Regeln und die Spielweise vereinen Elemente aus den Sportarten Rugby, Handball und Dodgeball miteinander.

Berühmte Influencer in der Geschichte

Wie heutzutage manche Influencer machte bereits der „Sonnenkönig" Ludwig XIV. sein Leben für jedermann in seinem Reich völlig öffentlich. Dazu reichten ihm die Hunderte von Bediensteten, die ständig um ihn herum und bei jedem Handgriff behilflich waren. Alles, was er sagte und tat wurde sofort weitererzählt und verbreitete sich in kürzester Zeit in ganz Frankreich. Eitel wie er war, wollte Ludwig XIV. möglichst eindrucksvoll erscheinen. So kreierte er die Mode der langen und lockig fallenden Allonge-Perücke und erklärte sie kurzerhand zur Staatsperücke. Das bedeutete, alle Beamte, Adligen und Bürger mussten fortan Perücke tragen. Sowieso wollte jeder, der etwas auf sich hielt, dem König möglichst ähnlich sehen und so galt die Perücke für lange Jahre als schick und modisch. Bei einem der Nachfolger Ludwigs kam später in Mode, die Perücke mit Mehl weiß zu pudern.

Wer hat das Ballett erfunden?

Bleiben wir bei dem französischen König Ludwig XIV., der nicht nur dafür bekannt war, neue Modetrends zu setzen. Auch kulturell setzte er neue Maßstäbe. Vielleicht auch aus Langeweile? Nach dem Tod seines Vater wurde Ludwig als Kind zum König. Noch zu jung, um selbst die Regierungsgeschäfte zu führen, brauchte er Beschäftigung. Er liebte es Geschichten zu erzählen, zu reiten und zu tanzen. Nichts lag ihm folglich näher, als die erste Tanzakademie in Frankreich zu gründen. Dort trat er dann auch selbst auf. Seinen Spitznamen Sonnenkönig erhielt er, als er in einem goldenen Kostüm als Sonnengott auf die Bühne trat. In der Tanz-Akademie wurden im Lauf der Zeit die Ballettschritte und Positionen festgelegt, nach denen heute noch klassisches Ballett getanzt wird.

Was sind Suffragetten?

In manchen Ländern werden Frauen und Mädchen allein aus dem einen Grund benachteiligt, dass sie weiblich sind. Sie dürfen nicht zur Schule gehen, nicht arbeiten, nicht studieren und auch nicht wählen. Es ist gar nicht so lange her, da war das auch bei uns so. Doch Anfang des vergangenen Jahrhunderts wollten immer mehr Frauen diese Abwertung ihres Geschlechts nicht mehr hinnehmen. Sie forderten die gleichen Rechte wie Männer ein. Im Vordergrund stand das Wahlrecht. Das war wichtig, um die Politik in Zukunft mitbestimmen zu können. Vor allem in England und in den USA demonstrierten die Frauen auf der Straße, sie störten politische Versammlungen oder traten in den Hungerstreik. Immer mehr Frauen schlossen sich der sogenannten Suffragetten-Bewegung an und erkämpften viele der Rechte, die heute für dich selbstverständlich sind.

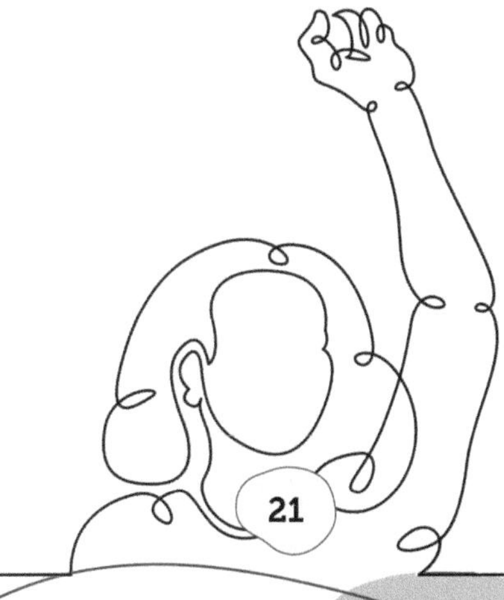

18

Englands beste Lügner

Die Engländer sind ja dafür bekannt, sich gern schräge Wettbewerbe auszudenken. Es ist folglich keine Lüge, dass jährlich im November in einem Pub (Kneipe) in der Grafschaft Cumbria ein Lügenwettbewerb stattfindet. Jeder Teilnehmer und jede Teilnehmerin aus der ganzen Welt bekommen dann die Gelegenheit, in fünf Minuten mit der unglaublichsten Lügengeschichte die Jury zu überzeugen. Von dieser Meisterschaft ausgeschlossen sind nur Politiker und Anwälte. Man geht davon aus, dass sie so viel Erfahrung im Lügen haben, dass sie allen anderen Teilnehmern gegenüber im Vorteil wären. Und das wäre nicht fair!

Die rasante Entwicklung des Telefons

Du kannst dir ein Leben ohne Handy kaum vorstellen. Doch das mobile Telefon ist eine ziemlich neue Erfindung. Seine Existenz verdankt das Telefon langem Experimentieren mit der Übertragung von Sprache durch Schallwellen im späten 19. Jahrhundert. (Anfangs meldete man sich übrigens nicht mit „Hallo", sondern mit „Ahoi" am Telefon.) Im frühen 20. Jahrhundert wurden die ersten öffentlichen Telefonzellen eingerichtet. (Die letzten von ihnen werden jetzt schrittweise abgebaut, da sie heutzutage kaum noch jemand benutzt.) Auch private Telefone verbreiteten sich schnell. Lange Zeit gab es nur fest installierte Schnurtelefone. Ungefähr hundert Jahre nach der Erfindung des Telefons wurden sie von den schnurlosen Telefonen abgelöst. Das erste tragbare Mobiltelefon kam etwa zur gleichen Zeit heraus. Allerdings war das noch sehr groß und schwer und passte in keine Hosentasche.

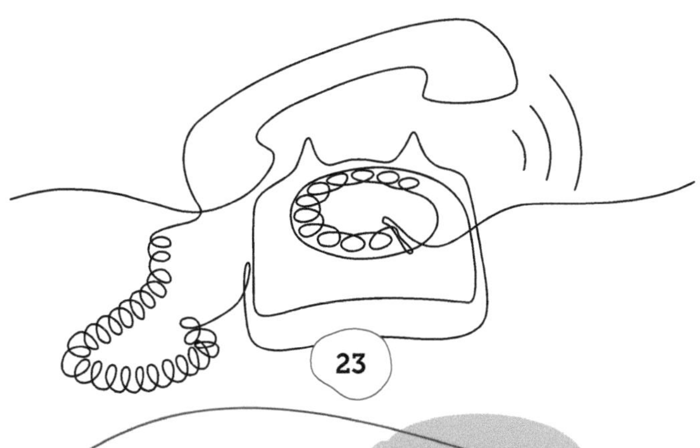

Schräg, schräger, am schrägsten

Menschen lieben es, immer neue Rekorde aufzustellen. Für manche gibt es keinen Bereich, der zu unmöglich ist, solange es nur diesen speziellen Rekord noch nicht gibt. Zum Spaß für dich folgen vier kleine Beispiele der eigenwilligsten und manchmal unbeabsichtigten Rekorde. Du hast deine Führerscheinprüfung ja noch vor dir und auf keinen Fall sollte es dir wie einer Koreanerin ergehen, die unglaubliche 960 Mal durchgefallen sein soll. Eine Amerikanerin lässt ihre Fingernägel seit über 20 Jahren wachsen. Zusammen waren sie im Jahr 2017 576,4 Zentimeter lang. Zum Lackieren braucht sie 20 Stunden und zwei Fläschchen Nagellack. Hier könntest du vielleicht neidisch werden: Eine Frau in den USA besitzt 8026 Stofftiere, und muss wohl ein sehr großes Haus besitzen. Und zum Schluss der sportliche Rekord einer Engländerin: Sie lief einen Marathon in einem Brautkleid in nur 3 Stunden, 16 Minuten und 44 Sekunden.

Unwahrscheinliche Wahrscheinlichkeit

Hast du Angst vor Sektkorken? Wahrscheinlich nicht! Aber vor giftigen Spinnen hast du sicherlich Angst. Laut Statistik sterben weltweit pro Jahr nur etwa 50 Menschen an einem Spinnenbiss. Sektkorken sind weitaus gefährlicher. Beim Feiern lassen Menschen sie gerne knallen. Beim ungebremsten Austreten aus der Flasche können Korken aus Kunststoff oder Kork jedoch eine Geschwindigkeit von ungefähr 40 km/h entwickeln. Stell dir mal vor, so ein Korken trifft einen empfindlichen Körperteil wie das Auge? Deshalb sollte man in geschlossenen Räumen keine Korken fliegen lassen und auf keinen Fall damit auf andere Menschen zielen! Sonst endet die Feier leider im Krankenhaus.

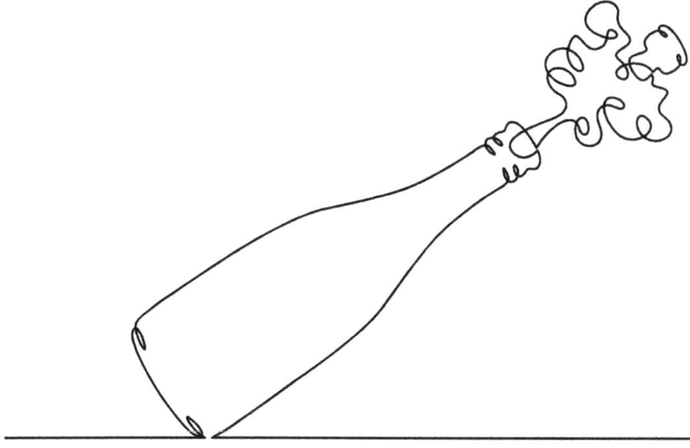

Das berühmteste Hörspiel der Geschichte

Außerirdische sind im Anflug auf die Erde! Das glaubten am 30. Oktober 1938 viele Menschen in den USA und gerieten in Panik, nachdem sie im Radio angespannt einem Hörspiel (erfundene Geschichte) gelauscht hatten. Aus Angst vor einer Invasion von Marsmenschen liefen sie auf die Straße und beobachteten angstvoll den Himmel. Dabei hatte ein junger Regisseur namens Orson Welles nur den Science-Fiction Klassiker „Krieg der Welten" so modernisiert, dass die Zuhörer glaubten, einer Live-Übertragung zu lauschen. Sein Trick war es, einfach einen vermeintlichen Reporter direkt von der Landung der Raumschiffe berichten zu lassen. — Orson Welles wurde später übrigens ein berühmter Schauspieler.

Wundersame Tierwelt

Die besten Augen der Welt

Bestimmt hast du schon einmal gehört, dass über jemand gesagt wird, er habe Adleraugen. Ein tolles Lob! Denn es bedeutet nichts anderes, als dass derjenige Mensch besonders scharf sieht und noch lange keine Brille oder Kontaktlinsen zu tragen braucht. Im Vergleich zu einem Steinadler ist er oder sie jedoch fast blind. Ein Steinadler hat die besten Augen der Welt, denn er kann aus der unglaublichen Entfernung von einem Kilometer eine Maus oder ein anderes Beutetier erkennen. Das Sehvermögen dieses majestätischen Greifvogels ist ungefähr siebenmal besser als das eines Menschen, selbst wenn der im Vergleich zu anderen Menschen Adleraugen hat.

Wie Katzen mit Menschen sprechen

Miau! So oder ähnlich klingt es, wenn Katzen sprechen. Zum Beispiel, wenn sie etwas von ihrem Menschen haben möchten: Futter vielleicht, eine Streicheleinheit oder ein Spielzeug. Man hat herausgefunden, dass erwachsene Katzen nur mit Menschen auf diese Weise kommunizieren, nicht untereinander. Wollen Katzen sich zur Begrüßung zeigen, wie freundlich sie sich gesonnen sind, dann blinzeln sie sich an. Sie schließen langsam die Augen, öffnen sie und schauen zur Seite. Katzen starren sich im Gegensatz zu Menschen nie in die Augen. Willst du mit einer Katze in Kontakt treten, brauchst du nicht zu miauen, sondern blinzel sie einfach freundlich an. Sie wird das verstehen!

Gibt es giftige Säugetiere?

Du hast sicher schon von giftigen Schlangen gehört oder von gefährlichen Giftspinnen, die glücklicherweise fast alle nicht auf unserem Kontinent leben. Und es gibt giftige Fische, die man nicht essen darf. Aber hast du schon einmal von einem giftigen Säugetier gehört? Das Schnabeltier! Es sieht eigenartig aus, wie eine Mischung aus Ente und Biber und bringt keine Jungen zur Welt, sondern legt Eier ab. Dennoch gehört es zu den Säugetieren und die männlichen Tiere produzieren am Hinterleib Gift, dass sie über Giftsporne einsetzen, die an ihrer Ferse sitzen. Diese dienen dem Kampf gegen Rivalen. Die Wahrscheinlichkeit, als Mensch von einem Schnabeltier verletzt zu werden, ist mehr als gering und wenn, dann nur schmerzhaft, aber nicht tödlich. Ein weiteres giftiges Tier ist die Wasserspitzmaus. Aber wer hat schon einmal gehört, dass Mäuse Menschen anfallen?

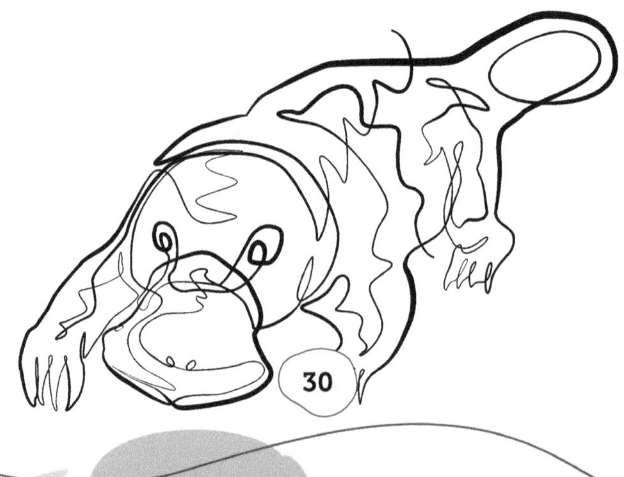

Knuddelige große Pandas

Obwohl sie echte Bären sind, sehen Pandabären mit ihrem schwarz-weißen Fell einfach nur süß aus. Ihr breiter Kopf, die plüschigen Ohren und schwarzen Knopfaugen erinnern uns an Teddybären. Im Gegensatz zu ihren fleischfressenden Vettern wirken die sich vorwiegend von pflanzlicher Nahrung ernährenden Pandas überhaupt nicht bedrohlich. Besonders, wenn man sie beim Fressen betrachtet: Sie sitzen dabei auf ihrem Po und halten ihr Futter, am liebsten Bambussprossen, mit beiden Vorderpfoten fest. Da ihre Nahrung nährstoffarm und schwer verdaulich ist, verbringen sie bis zu 14 Stunden am Tag mit Fressen. Das macht müde. Deshalb lehnen sie sich zum Ausruhen gern an einen Baumstamm und halten einen Verdauungsschlaf. In Tierparks und Zoos lebende Pandas sollen sogar schon Schwangerschaften vorgetäuscht haben, weil sie dadurch mit mehr Futter versorgt wurden. Ganz schön clever!

Wahre Langstreckenläufer

In der Natur sind Hamster auf ihrer nächtlichen Nahrungssuche mitunter Kilometer unterwegs. Im Verhältnis zu ihrer Größe sind sie deshalb echte Langstreckenläufer. So niedlich sie auch aussehen, als Haustier sind sie sehr anspruchsvoll. Denn die Einzelgänger sind Fluchttiere und nachtaktiv. Für den Bewegungsdrang eines Hamsters sind ein gesicherter Freilauf sowie ein stabiles und großes Hamsterrad deshalb unverzichtbar. Bedenke, dass er wach ist, wenn du schläfst und tagsüber gern seine Ruhe hat. Es ist deshalb keine so gute Idee, wenn sein Käfig in deinem Zimmer steht. Wenn er seine Runden auf seinem Rad dreht, kannst du nicht schlafen. Informiere dich vor der Anschaffung über seine artgerechte Haltung, dann wirst du mehr Freude mit deinem kleinen Freund haben. Ein Tipp: Frag doch mal im Tierheim nach, ob du einem abgegebenen Hamster ein neues Zuhause geben kannst, bevor du ins Zoogeschäft gehst.

Innige Freundschaften

Unsere engen Freunde und Freundinnen machen uns glücklicher. Wir genießen die vertraute Gesellschaft mit ihnen. Haustieren geht es da nicht anders. Ihre Fähigkeit nicht nur mit ihren Menschen, sondern auch untereinander enge Bindungen einzugehen ist faszinierend. Hunde haben sehr häufig beste Freunde. Was selten in der freien Natur geschieht, lässt sich erstaunlicherweise manchmal in Tierrettungsstationen und Tiergehegen beobachten: Tiere unterschiedlicher Arten, die scheinbar nicht zusammenpassen, schließen Freundschaft. Es gibt die Geschichte der engen Freundschaft zwischen einer Ziege und einem Esel. Als sie getrennt wurden, trauerten sie so sehr, dass beide nicht mehr fressen wollten. Als der Grund für ihr Leid erkannt wurde, wurden sie zum Glück wieder vereint. Sofort war ihre Welt wieder in Ordnung.

Können Tiere rülpsen?

Die Antwort lautet: Jain! ??? Mit anderen Worten, es gibt Tiere, die es können und andere, die es nicht können. Zu denen gehören beispielsweise Pferde, Ratten und Tauben. Aber unser bester Freund, der Hund, kann sowohl rülpsen als auch pupsen (was jeder Hundehalter bestätigen kann!). Genau wie ein Mensch muss ein Hund die überschüssige Luft in seinem Magen und Darm auf irgendeine Weise wieder loswerden. Und das geschieht entweder durch sein Maul oder sein Hinterteil. Genau wie wir nehmen Hunde beim Fressen und Trinken Luft mit auf. Die meisten Hunde sind dafür bekannt, ihr Futter in Windeseile zu verschlingen. Durch das hektische Fressen kommt viel Luft in ihren Bauch. Und die muss beim Verdauen dann wieder raus. Vorne und hinten!

Verzaubernde Unterwasserwesen

Zu den erstaunlichsten und am eigenartigsten aussehenden Meeresbewohnern gehören Oktopusse (oder Oktopoden). Die auch als Kraken bekannten Tiere haben blaues Blut und besitzen drei Gehirne. Bekannt sind die Tiere für ihre besondere Geschicklichkeit. Sie schrauben Gläser auf und können Werkzeuge benutzen. Mit anderen Worten: Sie sind sehr schlau. Und wie wir Menschen haben sie einen bevorzugten Arm, den nehmen sie z. B. zum Fressen. Außerdem können sie innerhalb kürzester Zeit ihre Farbe verändern und sich zum Schutz vor Feinden oder auf der Jagd komplett ihrer Umgebung anpassen. Forscher haben beobachtet, dass Oktopusse sogar im Traum ihre Farbe wechseln. Träumen sie von ihrem Lieblingsfutter Garnelen, nehmen sie deren Farbe an. Zum Schlafen ziehen sie sich gern in große leere Muscheln zurück, wo sie es sich dann gut geschützt gemütlich machen.

Wildpferde in Deutschland?

Weltweit gibt es nur noch wenige wild lebende Pferdeherden. Manche wie die Mustangs in Amerika sind verwilderte Hauspferde. Auch die am Rande der Wüste Namib im Süden Afrikas lebenden Namib-Pferde sind verwildert. Die einzigen echten Wildpferde gibt es sogar bei uns: die Przewalski-Pferde. Nachfahren der letzten Urpferde leben in einigen Herden in geschützten Wildparks in Deutschland. Sie waren nahezu ausgestorben, doch es gelang Zoos, sie wieder zu züchten. Die größte Herde in Deutschland sind die Dülmener Wildpferde, die den Urpferden noch relativ ähnlich sehen. Sie leben von Menschen nahezu ungestört in einem eingezäunten Schutzgebiet nahe der Stadt Dülmen in Nordrhein-Westfalen.

Immer der Nase nach

Mit ihrem unfassbar guten Geruchssinn sind Hunde wahre Geruchsdetektive. Das befähigt sie zu besonderen Leistungen, die auch wir Menschen für uns nutzen. Viele Hunde gehen daher einem richtigen Beruf nach: Sie suchen bei der Polizei nach Vermissten oder Verbrechern. Sie helfen dem Zoll bei der Suche nach Drogen und verstecktem Geld oder sind erfolgreiche Sprengstoffschnüffler. Auch als Therapiehunde oder Trüffelsucher haben sich Hunde bestens bewährt. Bei ihrer Arbeit helfen ihnen auch ihre guten Ohren sowie ihre ausgezeichnete Beobachtungsgabe. Die meisten Hunde arbeiten ausgesprochen gern, solange die Bezahlung stimmt. Denn selbstverständlich möchten sie für ihre Arbeit (wie wir) Lob und eine Belohnung.

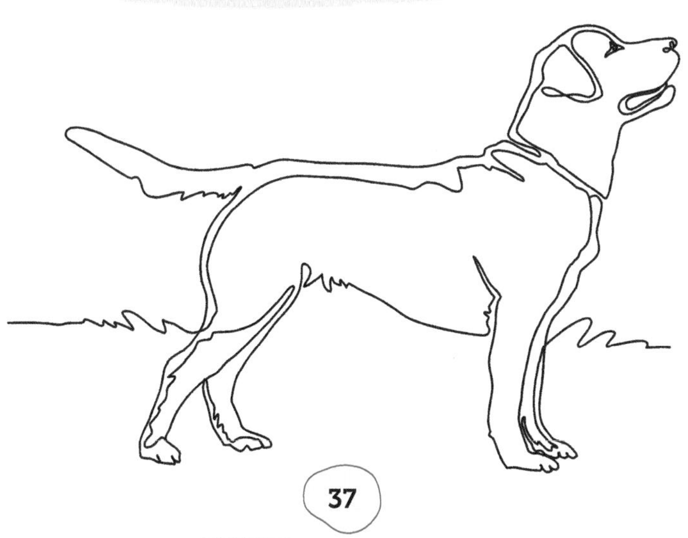

Geduldete Nachbarschaft

Nicht immer wohnt man mit seinen Wunschnachbarn in einem Haus. So scheint es auch Meerschweinchen und Kaninchen zu gehen, wenn sie als Einzeltiere gemeinsam in einem Gehege gehalten werden. Die Tiere sind zwar nicht miteinander verfeindet, aber sie können einfach nichts miteinander anfangen. Kaninchen sind Nesthocker, die gern geschmust werden. Meerschweinchen sind Nestflüchter und brauchen eine Weile, um Zutrauen zu ihren Menschen zu fassen. Wenn mindestens zwei Meerschweinchen mit zwei Kaninchen gehalten werden, ist dagegen nichts einzuwenden. Dann hat jedes Tier einen Artgenossen. Dennoch sollten immer Rückzugsorte für die Tiere vorhanden sein und beide Arten aufgrund ihrer unterschiedlichen Nahrungsbedürfnisse separat gefüttert werden. Gemeinsam haben sie dann doch zwei Wünsche: genügend Auslauf und ausreichend Nagematerial.

Fremde Länder, fremde Sitten

34

Gegensätzliche chinesische Tischsitten

Deine Eltern haben dir beigebracht mit Messer und Gabel zu essen, nicht zu schmatzen und schon gar nicht am Tisch zu rülpsen. Solltest du aber einmal in China zum Essen eingeladen werden, dann verstößt du mit deinem guten Benehmen gegen die dortigen Tischsitten. In China und einigen anderen asiatischen Ländern gilt es als höflich, durch lautes Schmatzen, Schlürfen und Rülpsen nach dem Essen den Gastgebern zu zeigen, wie gut dir das Essen geschmeckt hat. Eines wird jedoch gar nicht gern gesehen: Wenn du dir am Tisch deine Nase putzt. Dazu solltest du besser den Tisch verlassen und nach draußen oder auf die Toilette gehen.

Kurzer Begrüßungs-Ratgeber für Weltreisende

Die französische Sitte, sich mit Küsschen zu begrüßen, erfreut sich auch bei uns großer Beliebtheit. Doch Küsschen ist nicht gleich Küsschen! In Frankreich sowie in Brasilien unterscheidet es sich von Region zu Region wie viele Küsse du gibst und wer wen küsst. Frauen küssen sich untereinander zur Begrüßung ein- bis dreimal. Männer dürfen Frauen (und umgekehrt) ebenfalls mit Küsschen begrüßen, geben sich aber gegenseitig die Hand. In Frankreich sind die Männer, wenn sie sich gut kennen, etwas lockerer und machen es untereinander wie die Frauen. In arabischen Ländern wird körperlicher Abstand zwischen Männern und Frauen bei der Begrüßung erwartet. Ebenso wie in vielen asiatischen Ländern verbeugt man sich voreinander. Eine freundschaftliche Umarmung ist in Asien eher unerwünscht. In den USA freut man sich dagegen über einen festen Händedruck. Was weltweit nie falsch ist: ein freundliches Lächeln!

Heißt das nun Ja oder Nein?

Auch durch Gesten kann man sich falsch verstehen. In vielen Ländern bedeutet Nicken Zustimmung und Kopfschütteln Ablehnung. Machst du in Bulgarien Urlaub, musst du darauf achten, es genau umgekehrt zu machen. Sonst kommt es schnell zu Missverständnissen. In Indien und Pakistan verhält es sich ebenfalls anders als bei uns. Zur Zustimmung wiegen die Menschen dort den Kopf hin und her, während sie in Äthiopien den Kopf in den Nacken werfen. Die gleiche Geste bedeutet jedoch in Griechenland, der Türkei und arabischen Ländern ein klares Nein. Willst du in Japan etwas verneinen, dann wedelst du dir mit der Hand vor deinem Gesicht hin und her. —
Blickst du noch durch?

Eigenartige Weihnachtstraditionen

Weihnachten ist bei uns ein eher ruhiges Familienfest, wenn auch so nach und nach einige Traditionen anderer Länder zu uns herüberschwappen. Ein Beispiel ist das immer beliebter werdende Wichteln, das ursprünglich aus Skandinavien stammt. Da im hohen Norden auch Hexen ihr Unwesen treiben, verstecken die Norweger an Weihnachten Besen und Wischmopps, damit die Hexen nicht darauf reiten können. In Island erinnert die Weihnachtskatze die Kinder daran, brav und fleißig zu sein, wenn sie nicht von ihr gefressen werden wollen. Und die Amerikaner hängen eine Essiggurke zwischen die Zweige ihres Weihnachtsbaums. Wer sie zuerst entdeckt, erhält ein Extrageschenk!

Kunterbunte Totenfeier

Einer der höchsten Feiertage ist in Mexiko der Tag der Toten. Darunter darfst du dir jetzt nicht etwas Gruseliges wie Halloween vorstellen, sondern ein Volksfest zu Ehren der Toten, das farbenfroh und mit viel Freude gefeiert wird. In den Tagen zwischen dem 31. Oktober und dem 2. November zeigen die Menschen ihren toten Familienangehörigen durch das Feiern auf den Straßen ihre Liebe und ihren Respekt. Die Mexikaner tragen dann besonders bunte Kostüme und tanzen und singen. Zum Fest gehört auch, den Verstorbenen Essen und Trinken auf die Gräber zu stellen, um es dort mit ihnen gemeinsam zu verzehren. Mittlerweile feiert man auch in anderen lateinamerikanischen Ländern die lärmende und kunterbunte Totenfeier.

Spinnen die Finnen?

Finnen haben den Ruf, etwas anders als andere Europäer zu sein. Bestätigt wird das von beliebten Wettkämpfen und Traditionen, die uns Nichtfinnen gelinde gesagt verblüffen. Der Grund mag der eigenartige finnische Sinn für Humor sein, wie du gleich siehst: Ein traditioneller finnischer Wettkampf ist das Frauentragen. Dabei muss ein Mann seine Ehefrau möglichst schnell durch eine Wettkampfstrecke voller Hindernisse tragen. Nicht weniger ungewöhnlich sind die skurrilen Weitwurf Wettbewerbe, in denen nicht so langweilige Dinge wie Bälle oder Speere geworfen werden, sondern Gummistiefel oder auch Handys. Finnen spielen Schlammfußball, messen sich im Mückenerschlagen (von denen es an den vielen Seen Milliarden geben muss) und halten Meisterschaften für den besten Luftgitarre-Spieler ab. Anders eben!

Der Umgang mit der Zeit

Man sagt, Pünktlichkeit sei eine sehr deutsche Verhaltensweise, was schon andeutet, dass sie nicht überall auf der Welt gilt. Besonders in Afrika und Asien, aber auch manchen lateinamerikanischen Ländern hat man einen lockereren Zeitbegriff. In Mexiko hörst du oft „manana", wenn du einen Termin ausmachen willst. Das bedeutet im Grunde nichts anderes als „Was du heute kannst besorgen, das verschiebe doch auf morgen". In einigen Ländern gilt es sogar als unhöflich, bei einer Einladung überpünktlich oder gar früher zu erscheinen. Doch schon in manchen anderen Ländern Europas haben die Menschen eine wesentlich lockerere Zeitplanung als wir. Wenn du dich im Urlaub mit einem Einheimischen verabredest, solltet du dich darauf einstellen. Sonst bist du enttäuscht, wenn man dich warten lässt.

41

Drohende Fettnäpfchen

Wenn du weißt, was in einem fremden Land unerwünscht ist, bist du für jede Weltreise gut gewappnet. Indem du dich vor der Reise schlau machst, was in deinem Urlaubsland nicht gern gesehen wird oder sogar als unhöflich gilt, sammelst du in deinem Gastland Pluspunkte. Hier einige Beispiele: Wie wohl überall freuen sich auch in Osteuropa Menschen darüber, Blumen geschenkt zu bekommen. Es sollte aber immer eine ungerade Zahl sein, denn eine gerade Zahl schenkt man nur zu Beerdigungen. In Japan zieht man nicht nur an der Haustür die Schuhe aus, man geht auch mit nur dort getragenen Schuhen auf die Toilette. In Italien darfst du keine Hüte oder Schuhe auf ein Bett legen und auch keinen Regenschirm aufgespannt lassen, denn das soll Unglück bringen.

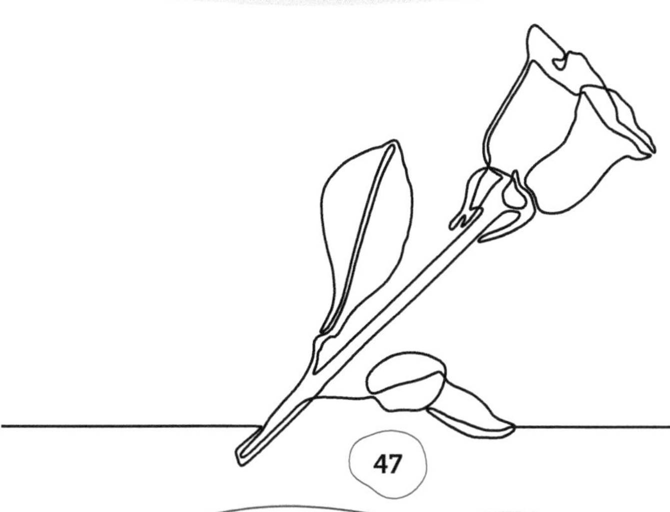

Verbreiteter Aberglauben

Was angeblich so alles Pech bringen soll! Du bist sicher auch schon einmal versehentlich in einen Hundehaufen getreten. Das stinkt nicht nur, sondern bringt in Frankreich auch noch Pech (rechter Fuß) oder aber Glück (linker Fuß). Auf einer Hochzeit in Schottland ist es nicht erwünscht, die Farbe Grün zu tragen. Es sei denn, du wünschst dem Brautpaar kein Glück. In Holland glauben die Menschen, wer am Tisch laut singt, locke den Teufel an. Also: bleibenlassen! Bleiben wir beim Teufel, der sich in Portugal an die Fersen derjenigen heftet, die rückwärts gehen. Und in Norwegen, wo das Wetter mitunter rasch wechselt, wird geglaubt, dass man durch Pfeifen die Sonne vertreiben und Regen rufen kann.

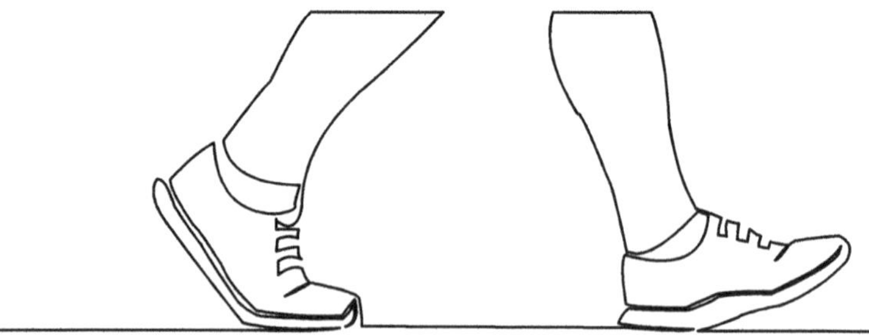

Unter, auf und über der Erde

Land mit 11 Zeitzonen

Eines ist klar, es muss ein sehr großes Land sein. Damit fallen Österreich und die Schweiz, aber auch Deutschland schon mal weg. Wir leben in einer gemeinsamen Zeitzone. Um dich nicht auf die Folter zu spannen: Russland ist das Binnenland mit den meisten Zeitzonen. Binnenland deshalb, weil Frankreich durch seine Überseegebiete auf anderen Kontinenten insgesamt 12 Zeitzonen besitzt. In Russland beginnen die Zeitzonen im Westen in Kaliningrad (Normalzeit + 2) und gehen bis zur Kamtschatka ganz im Osten (+12). Willst du jemand am anderen Ende des riesengroßen Landes anrufen, kann es passieren, dass du ihn aus dem Schlaf holst.

Der einsamste Ort der Welt

Der einsamste Ort der Erde ist so einsam, dass niemand dort lebt. Wissenschaftler haben ihn vermessen und festgelegt. Er wird Point Nemo oder auch Pol der Unerreichbarkeit genannt, liegt mitten im pazifischen Ozean und ist der Punkt, der am weitesten von jedem Land entfernt ist. Die Insel Tristan da Cunha im Südatlantik ist zwar bewohnt, liegt aber mehr als 2800 Kilometer vom nächsten Festland (in Südafrika) entfernt und immer noch mehr als 2000 Kilometer von der nächstgelegenen Insel St. Helena. Tristan da Cunha gehört zu den britischen Überseegebieten. Im Juni 2022 lebten im einzigen Ort der Hauptinsel 243 Einwohner.

Wie kommt Müll in den Weltraum?

Durch uns Menschen! Nicht nur auf der Erde und im Meer, sondern auch im Weltraum hinterlassen wir unseren Müll, freiwillig und unfreiwillig. Nicht mehr funktionierende Satelliten oder gebrauchte Teile von Raumschiffen, z. B. ausgebrannte Raketen, rasen ungesteuert durch den Weltraum. Nun magst du denken, das All ist ja riesengroß, da spielt das bisschen Schrott keine Rolle. Aber Experten schätzen die Menge auf 130 Millionen Teile, mit einem Gesamtgewicht von 10 000 Tonnen. Und das spielt eine Rolle, denn der herumrasende Schrott gefährdet nicht nur Raumschiffe, sondern auch unsere Informations- und Kommunikationssatelliten. Selbst die internationale Raumstation ISS haben kleine Teile schon so getroffen, dass sie repariert werden musste. Wenn das so weitergeht, liegt irgendwann ein dichter Schrottgürtel um die Erde.

Blauer Sonnenuntergang auf rotem Planeten?

Die Erde ist zu großen Teilen von Wasser bedeckt. Vom Weltall aus gesehen, leben wir durch die Meere auf einem blauen Planeten. Es sieht wunderschön aus, wenn die Sonne in verschiedenen Orange- und Rottönen langsam am Horizont versinkt. Auf dem Mars ist es genau umgekehrt. Auf dem roten Planeten sehen die Sonnenuntergänge nicht rötlich, sondern blau aus. (Ein Roboter der NASA hat auf seiner Marsmission zum Beweis davon Fotos geschossen.) Der Grund ist, auf dem Mars wird ständig feiner Staub aufgewirbelt, der das Licht filtert. Bei Tag dagegen verstärkt das Licht die rote Farbe des Mars und deshalb sieht der Himmel dort tagsüber ebenfalls rötlich aus.

Das höchste Gebirge der Erde

Der höchste Berg ist mit 8848 Metern der Mount Everest im Himalaya. Durch weitere Berge über 8000 m wird der Himalaya auch Dach der Welt genannt. Genau genommen ist der Mount Everest jedoch nur der höchste Berg über dem Meeresspiegel. Es kommt wie so oft auf den Blickwinkel oder den Ausgangspunkt der Messung an. Denn vom Meeresboden an gerechnet ist der Mauna Kea auf Hawaii mit 10205 Metern der höchste Berg. Man sieht es nur nicht, da 6000 Meter davon unter dem Meeresspiegel liegen. Und vom Erdkern aus gerechnet ist der inaktive Vulkan Chimborazo in Ecuador mit 6263 m der höchste Berg. Denn die Erde ist nicht ganz rund und der Mount Everest liegt viel weiter nördlich als der am Äquator liegende Chimborazo. Verwirrend, nicht?

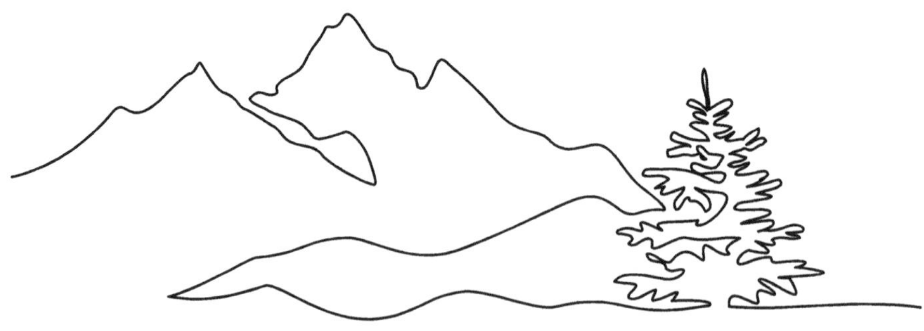

Wenig los da ...

Quizfrage an dich: Wo waren bisher mehr Menschen? Auf dem Mond oder am tiefsten Punkt des Meeres? Kleine Hilfe: der tiefste Punkt des Meeres ist 11 Kilometer tief und heißt Marianengraben. Das ist so tief, dass kein Licht mehr da unten ankommt. Du ahnst schon, wie die Antwort lautet: Tiefsee! Auf dem Mond waren bisher 12 Menschen, an der tiefsten Stelle des Meeres erst drei. Der erste Tauchgang mit zwei Menschen in einem Spezialgefährt fand im Jahr 1960 statt. Der zweite Tauchgang erst über 50 Jahre später. Auch drei unbemannte Tauchboote haben bestätigt, dass selbst am tiefsten Punkt der Weltmeere noch Mikroorganismen, einzellige Algen, Seegurken, Würmer und Krebse leben.

Wirbelstürme schneller als ein Rennwagen

Bilder davon hast du vielleicht schon einmal im Fernsehen gesehen: Mit einer Geschwindigkeit von mehr als 500 Kilometern pro Stunde überqueren Tornados (sich drehende Luftwirbel) das Land und hinterlassen Schneisen der Verwüstung. Kleine Tornados wirbeln nur die Erde auf, große richten enormen Schaden an. Stabil gebaute Häuser können von ihrer Druckwelle zermalmt werden. Was sie so gefährlich macht, ist nicht nur ihre Geschwindigkeit, die Wirbelstürme entstehen auch innerhalb nur weniger Minuten und sind schwer vorauszusagen, weil sie öfter ihre Richtung wechseln. Sie entstehen in Gewittern und haben im Frühjahr ihre Hochsaison, vor allem in den USA.

Das Land der hunderttausend Seen

Auch in Deutschland gibt es viele Seen, aber Finnland schlägt in der Anzahl seiner Seen alle anderen Länder der Erde. Nach einer offiziellen Zählung gibt es sage und schreibe 187 888 Seen dort. Jetzt denkst du vielleicht jede kleine Pfütze wurde mitgezählt. Selbstverständlich ist die Mindestgröße festgelegt, die ein See haben muss, um gezählt zu werden. Und in diesen unzähligen Seen befinden sich 98 050 Inseln. Das lädt geradezu zu prima Abenteuer-Urlauben ein. Reizvoll, aber darfst du nicht vergessen: Wo so viel Wasser ist, sind auch viele Mücken. Deshalb ist ein gutes Mückenschutzmittel das Wichtigste im Koffer für jeden Finnland-Urlaub.

Wissenswertes über die Sonne

Unsere Sonne ist nicht die einzige im Weltall, aber für uns der wichtigste der mehr als 100 Milliarden Sterne der Milchstraße. Sie spendet uns Licht und Wärme. Ohne sie gäbe es kein Leben auf der Erde. Auch wenn sie kein besonders großer Stern ist, wäre die Sonne innen hohl, würde die Erde ungefähr 960 000 mal hineinpassen. Sie ist knapp 330 000 mal so schwer wie die Erde und dreht sich um das Zentrum der Milchstraße. Das Licht benötigt für die Strecke von der Sonne zur Erde 8 Minuten und 20 Sekunden. Würdest du das auf eine Auto-Geschwindigkeit von 120 km/h umrechnen, wärst du für diese Entfernung mehr als 142 Jahre unterwegs.

Was ist ein Regenwald?

Der Regenwald wird auch die grüne Lunge der Erde genannt. Doch was macht ihn so besonders und unterscheidet ihn von unserem Wald? Als Regenwald wird ein tropischer, sehr dicht gewachsener Wald bezeichnet, der in Ländern rund um den Globus auf Höhe des Äquators wächst. Das Klima ist dort feucht-heiß und es regnet fast jeden Tag. Deshalb wachsen die Pflanzen dort sehr schnell. Ungefähr der Hälfte aller bekannten Tierarten bietet er Schutz- und Lebensraum. Die vielen, teilweise riesengroßen Pflanzen im Regenwald produzieren viel wichtigen Sauerstoff und filtern außerdem Schadstoffe aus der Luft heraus. Damit das so bleibt, müssen wir alle verhindern helfen, dass jeden Tag Unmengen von Regenwald abgeholzt werden, um das Holz zu verkaufen und Weideflächen für Rinder anzulegen.

Die Umwelt schützen

Alle Lebewesen sind auf eine saubere Umwelt angewiesen.
Wir Menschen scheinen das aber oft zu vergessen:
Unsere Bevölkerungszahl wächst weltweit ständig an.
Daraus folgt: Wir zerstören unseren Planeten, denn wir
verbrauchen immer mehr Ressourcen und verursachen
immer mehr Müll. Auf der anderen Seite werden das
Trinkwasser und die Bodenschätze immer knapper, die
Meere immer verschmutzter und natürlicher Lebensraum
für Pflanzen und Tiere immer kleiner. Was nichts anderes
heißt, als dass leider viele Tierarten durch unsere Schuld
ihre Lebensgrundlage verlieren und am Ende vollkommen
aussterben. Neben dem Schutz unserer Umwelt ist
es deshalb ungeheuer wichtig, auch die Lebensräume
bedrohter Tierarten zu schützen.

Die Farben der Sterne

An einem klaren Nachthimmel kannst du einige Sterne an ihrer Farbe erkennen und voneinander unterscheiden. Natürlich brauchst du ein Fernrohr, um das richtig sehen zu können. Manche Sterne leuchten fast weiß, andere rötlich oder bläulich. Tatsächlich wird die Farbe eines Sterns von seiner Temperatur bestimmt und die kann sehr unterschiedlich sein, denn nicht alle brennen gleich heiß. Sehr heiße Sterne leuchten weiß bis blau, während wir kühlere Sterne rötlich wahrnehmen. Sterne bestehen zum größten Teil aus Wasserstoff und Helium. Manche von ihnen leuchten heller als andere. Ihre Leuchtkraft hängt einerseits von der Energiemenge ab, die sie abstrahlen und andererseits natürlich von ihrer Entfernung zur Erde.

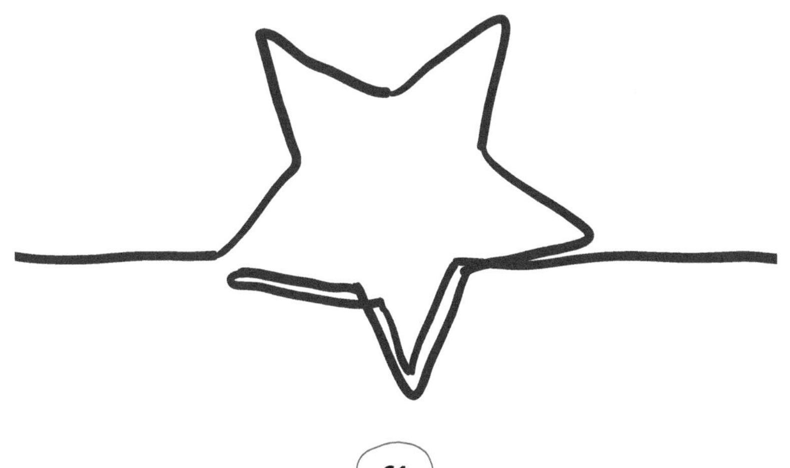

Lernen und Wissen

Bücherdiebe ohne Gewissen?

Bücher werden überall geklaut: aus Buchläden, Schulen, Bibliotheken und der Universität. Manche Diebe haben sicher einfach nicht genügend Geld, um sich das gewünschte Buch zu kaufen. Aber nicht alle! Vor allem an Universitäten ist der Konkurrenzkampf ein häufiger Grund. Seiten werden herausgerissen oder Bücher ganz mitgenommen, nur damit andere nicht daraus lernen können. Bezeichnenderweise werden an deutschen Hochschulen am häufigsten juristische Bücher gestohlen, also ausgerechnet die, die man braucht, um später Richter oder Anwalt werden zu können. Da braucht es dich auch nicht zu wundern, dass auf Platz 2 die theologischen Bücher folgen, die zukünftige Pfarrer und Priester zum Studium benötigen.

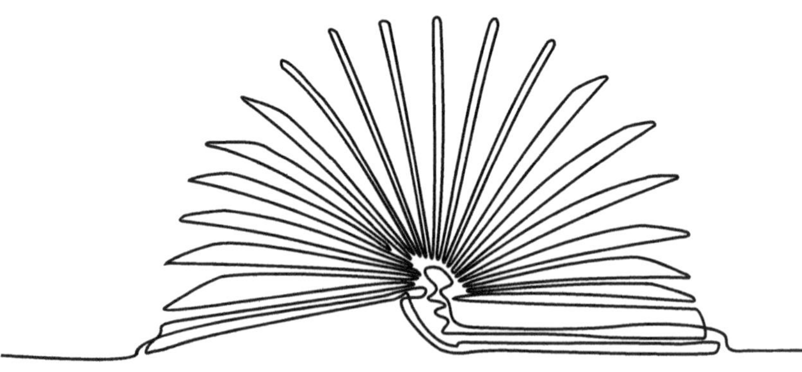

Wundersame Kraft der Einbildung

Wir können unsere Gedanken und unserer Wohlbefinden selbst beeinflussen. Auf gute wie auf schlechte Weise. Zwei Beispiele veranschaulichen dir, wie das funktionieren kann. Vielleicht hast du schon einmal etwas vom „Placebo-Effekt" gehört. Ein Placebo ist eine Pille ohne Wirkstoff. Ein Mensch mit Beschwerden kann ein wirkungsloses Medikament bekommen, von dem er jedoch glaubt, dass es ihm z. B. gegen seine Kopfschmerzen helfen wird. Und wirklich tritt durch seine Einbildung in vielen Fällen eine Besserung ein. Umgekehrt soll es bei Medizinstudierenden nicht selten die Besonderheit geben, sich einzubilden unter der Krankheit zu leiden, die sie gerade im Studium durchnehmen. Automatisch fühlen sie sich schlecht.

Haben Handzeichen überall die gleiche Bedeutung?

Du redest nicht nur mit Worten, sondern auch mit deinem Körper und deinem Gesicht. Manchmal reicht auch ein Handzeichen, um dich verständlich zu machen. Doch wie es viele verschiedene Sprachen gibt, so haben auch Handzeichen und Gesten in anderen Ländern oft eine andere Bedeutung. Wenn du das nicht weißt, kannst du dich richtig ins Fettnäpfchen setzen. Neben den Unterschieden Ja und Nein zu sagen, gibt es manche Handzeichen, mit denen du deine Gastgeber sogar beleidigen kannst. Beispielsweise mit Daumendrücken, mit dem wir uns viel Glück wünschen. In Brasilien bezeichnest du mit der Geste jemand als geizig. Neben Vokabeln lohnt es sich folglich auch ein paar Gesten deines Gastlandes zu lernen.

Wo leben die intelligentesten Menschen?

Es gibt immer wieder Untersuchungen, mit denen der Intelligenzquotient gemessen wird. Bei der Reihenfolge wird meist keine Rücksicht darauf genommen, welchen Einfluss Wohlstand, Klima und weitere Faktoren auf unsere menschliche Intelligenz haben. Deshalb ist unsere Frage auch nicht ganz ernst gemeint, denn die Antwort findest du in keiner Rangliste. Sie lautet: Die Antarktis — der Kontinent, der komplett von Eis und Schnee bedeckt ist. Da es dort fast nur Robben, Pinguine und Seevögel, aber keine menschlichen Ureinwohner gibt, bestehen die Einwohner fast nur aus Forschern und Wissenschaftlern in den Forschungsstationen, die ja alle studiert haben. Und ab und zu kommen noch ein paar Touristen hinzu.

Mädchenberuf? Jungenberuf? Traumberuf!

Es gibt immer noch Berufe, die auf der Wunschliste von Mädchen ganz oben stehen. Aber im Gegensatz zu früher interessieren sich Mädchen heute auch für typische Jungenberufe. Was für viele Mädchen vor 50 Jahren noch ein Traum war, ist selbstverständlich geworden. Heute darfst du Autos reparieren, Möbel bauen oder Gärten pflegen. Du darfst Informatik studieren, ebenso Elektrotechnik oder Physik. Aber wenn du möchtest, kannst du auch Kosmetikerin, Modedesignerin oder Arzthelferin werden. Berufe bleiben dir nicht mehr verwehrt, nur weil du ein Mädchen bist. Wichtig bleibt: Such dir nicht irgendeinen Beruf, sondern wähle deinen Traumberuf! Bring als Schornsteinfegerin Glück oder fahre Autorennen. Hauptsache, es macht dir Spaß!

60

Weshalb träumen wir?

Nachts bekämpfen wir Monster, tragen Streitigkeiten aus, irren durch Labyrinthe, treffen aufregende Menschen und manchmal können wir sogar fliegen. Diese Erlebnisse sind fantastisch, großartig oder auch beängstigend, eines sind sie nicht: wahr. Es sind unsere Träume, in denen wir verarbeiten, was wir tagsüber erlebt haben oder was uns beschäftigt, was wir befürchten oder herbeisehnen. Unsere Träume befreien Seele und Geist in der Nacht vom Ballast des Tages. Sie sind intensiv und herausfordernd, aber selten alltäglich oder langweilig. Oft können wir uns am Morgen nicht an sie erinnern oder sie sind uns nur schwach als unbestimmtes Gefühl in Erinnerung.

Digital Natives

Wenn du den Begriff noch nie gehört hast, er bedeutet nichts anderes, als dass du zu einer Generation gehörst, die in einer digitalen Welt aufwächst. Mit anderen Worten, für dich ist der Umgang mit Computer und Smartphone etwas ganz Selbstverständliches. Du kennst es nicht anders, als am Computer zu spielen und auch zu lesen. Doch deine Großeltern sind noch in einer Welt ohne diese Hilfsmittel aufgewachsen. Sie haben erst als Erwachsene angefangen, sich damit zu beschäftigen. Vermutlich sind sie deshalb auch im Umgang damit nicht immer so geschickt oder schnell wie du. Habe etwas Geduld und unterstütze sie. Ist doch toll, mal etwas besser zu können als die Erwachsenen!

Chinesische Schriftzeichen

Falls du glaubst, es sei schwer unser Alphabet zu lernen, dann versetze dich mal in die Lage eines chinesischen Schulmädchens. Es soll insgesamt 100.000 chinesische Schriftzeichen geben. Im Alltag brauchst du davon ungefähr 3000 bis 5000 Zeichen. Entscheidest du dich dafür, chinesisch zu lernen, musst du dir nicht nur viele fremd klingende Wörter merken, sondern auch eine komplett neue Schrift dazulernen. Da die Schriftzeichen teilweise sehr kompliziert sind, hat sich im Lauf der Zeit jedoch eine vereinfachte Schrift durchgesetzt. Auch in anderen asiatischen Ländern werden verschiedene Varianten der chinesischen Schriftzeichen benutzt. Die ältesten gefundenen Schriftzeichen wurden vor über 3000 Jahren in Knochen und Schildkrötenpanzer geritzt.

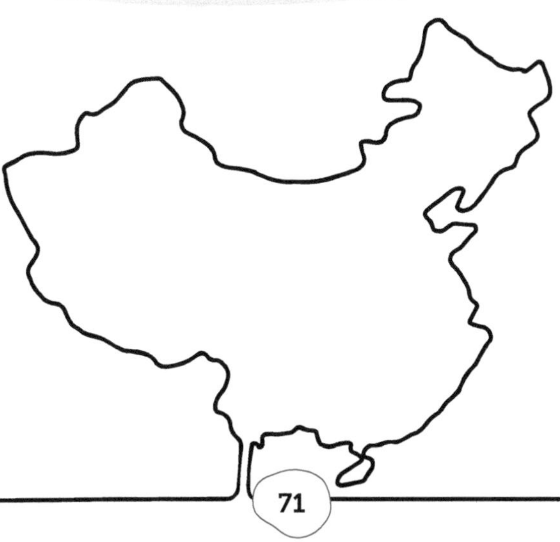

Intelligente Verpackungen

Eine spannende Angelegenheit, die in der Herstellung momentan leider noch sehr teuer ist, ist die „intelligente" Lebensmittelverpackung. Wir wissen, das aufgedruckte Mindesthaltbarkeitsdatum allein sagt nicht viel aus. Viele Lebensmittel sind darüber hinaus noch genießbar. Da sich viele Menschen aber auf das verlassen, was darauf steht, landen Lebensmittel auf dem Müll, die man noch guten Gewissens essen könnte. Das ist unnötige Verschwendung und nicht nachhaltig. Intelligent dagegen ist eine Messanzeige auf der Innenseite der Verpackung. Sie reagiert auf chemische Verbindungen, die bei verderbenden Lebensmitteln entstehen und verändert dann ihre Farbe. So erkennst du von außen, ob du den Inhalt noch problemlos essen kannst oder nicht

Schlau werden über Nacht

Natürlich musst du selbst auch etwas dafür tun: lernen! Wenn du das Gelernte behalten möchtest, dann solltest du es dir am Abend vor dem Schlafengehen noch einmal aufmerksam durchlesen. Während du schläfst, geht dein Gehirn die neuen Informationen noch einmal durch und speichert sie ab. Der Lernstoff bleibt dir dann länger im Gedächtnis. Übrigens haben Forscher herausgefunden, dass Rosenduft im Schlafzimmer ebenfalls einen positiven Einfluss auf das Erinnerungsvermögen hat. Ob es bei dir funktioniert, probierst du am besten einmal aus. Vielleicht kann es dir ja dabei helfen, vor Klassenarbeiten und Prüfungen weniger nervös zu sein.

Was das Kurzzeitgedächtnis (nicht) kann

Geistige Aufgaben, bei denen dein Kurzzeitgedächtnis besonders stark einbezogen wird, führen leicht zum Abbruch deiner momentanen körperlichen Aktivität. Stell dir die folgende Situation vor: Du gehst mit einer Freundin spazieren und sie fragt dich eine Rechenaufgabe. Mit großer Wahrscheinlichkeit wirst du erst einmal stehenbleiben, um die Aufgabe auszurechnen, bevor du weiterläufst. Das liegt daran, dass im Kurzzeitgedächtnis Informationen nur für einige Sekunden gespeichert werden, bevor neue Informationen sie ablösen. Für kurze Zeit widmest du dich nur dieser neuen Information oder Aufgabe. Und vergisst dabei, was du gerade gemacht hast. Teste es einmal aus!

Wie Lernen mehr Spaß machen kann

Gehörst du zu den Schülerinnen, denen das Lernen in der Schule überhaupt keinen Spaß macht? Dann frage dich, warum das so ist. Nur, wenn du gern und nicht unter Druck lernst, speicherst du das Gelernte im Gedächtnis ab. Auf den Lernstoff und deine Lehrer hast du leider wenig Einfluss, aber für dich kannst du etwas tun, damit dir das Lernen leichter fällt. Ein paar nützliche Tipps: Falls dir das Lehrbuch zu langweilig ist, such dir ein Lernvideo zu dem Thema und mach dir Notizen dazu. Teile dir die Arbeit in kleine Einheiten ein. Kannst du dich nicht mehr konzentrieren, mach eine kurze Pause. Überlege dir, wofür du das Gelernte später gebrauchen kannst. Lerne mit jemand gemeinsam und spornt euch gegenseitig an. Und am Wichtigsten: Belohne dich auch für kleine Erfolge.

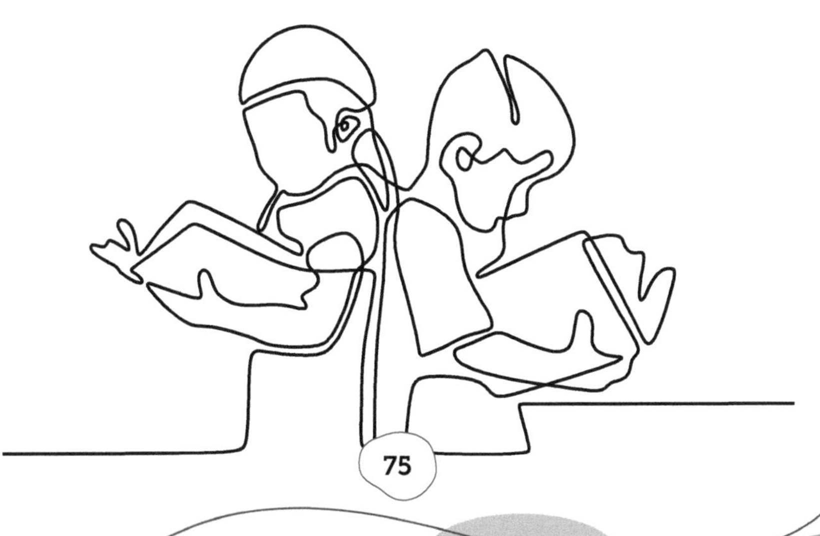

Unterschiedliche Lebenswelten

Aufwachsen in Stadt und Land

Wo du aufwächst, beeinflusst dein Leben. Laut einer Untersuchung haben Kinder, die auf dem Land aufwachsen, einen besseren Orientierungssinn in weiträumigen Gebieten. Stadtkinder dagegen finden sich besser in einem Gewirr aus engen Straßen zurecht. Natürlich spielen auch die unterschiedlichen Erfahrungen, die du machst, eine Rolle. Zusätzlich kommt es auf die Größe des Ortes an und welche Möglichkeiten dort geboten werden. Generell lässt sich feststellen: Landkinder spielen mehr im Freien und haben meistens mehr Erfahrung im Umgang mit Tieren. Stadtkinder dagegen können einfach mal mit Freunden ins Kino oder Kindertheater gehen. Leider haben dafür einige noch nie eine Kuh oder ein Huhn zu Gesicht bekommen.

Verirrte Wildtiere?

Nicht unbedingt! Fuchs, Hase, Waschbär, Wildschwein oder Marder entdecken seit Längerem die Vorteile des Großstadtlebens für sich. Sie leben auf Friedhöfen, in Parks und auf Grünflächen. Ihr Vorteil: Sie werden dort nicht gejagt (höchstens verjagt!) und finden ausreichend Nahrung in den Gärten und Mülltonnen der Menschen. Das ist jedoch nicht der einzige Grund für den tierischen Umzug in die Großstadt. Der traurige Hintergrund ist, dass der natürliche Lebensraum für Wildtiere weltweit immer kleiner wird. Bei uns müssen Brachland und Wildnis Ackerflächen und Bauland weichen, in Asien werden Wälder für Palmöl-Plantagen gerodet. Aber auch wenn du es gut meinst, solltest du Wildtiere nicht noch mit Futter anlocken, denn auf lange Sicht ist eine Stadt mit viel Verkehr und vielen Menschen nicht der geeignete Lebensraum für sie.

Viel Platz zum Spielen

Welches Mädchen hat nicht schon einmal davon geträumt, als Prinzessin in einem Schloss zu leben? So viele Zimmer zum Spielen und Entdecken zu haben! Und dann liest du, in Frankreich stehen mehr als 1000 kleine und größere Schlösser zum Verkauf. Manche sind sogar richtig günstig zu bekommen. Nur ist es mit dem Kauf nicht getan. Du bist nicht automatisch reich, wenn dir ein Schloss gehört. Manche Schlösser sind richtige Ruinen und du brauchst sehr viel Geld, um sie wieder aufzubauen oder zu modernisieren. Die traurige Nachricht ist, du brauchst dann noch mal viel Geld, um die Unterhaltskosten aufzubringen. Es sei denn, du vermietest Teile oder lässt das Schloss von zahlenden Besuchern besichtigen.

Kontakt mit fremden Kindern

Im Kindergarten und der Schule triffst du auf Kinder, die aus anderen Ländern und anderen Kulturen stammen. Bei ihnen zuhause wird eine andere Sprache gesprochen, sie haben andere Regeln und leben nach anderen Bräuchen. Anfangs ist es deshalb schwer, miteinander zu reden und Kontakt zu bekommen. Versetz dich mal in ihre Lage. Stell dir einfach vor, du würdest in ein anderes Land ziehen, in dem dir alles fremd ist und wo du die Menschen nicht verstehst. Du wirst nicht eingeladen, keiner möchte mit dir spielen. Wenn du eine Idee bekommen hast, wie einsam sich das anfühlt, fällt es dir vielleicht leichter, den ersten Schritt auf ein fremdes Kind zu zu machen.

Wo und wie sitze ich beim Essen?

Nicht nur das Essen und die Tischsitten unterscheiden sich weltweit, auch wie und wo man sitzt spielt eine Rolle. Bei uns setzen wir uns zu einem leckeren Essen auf Stühle rund um einen Tisch. Aber ist das auch in anderen Ländern so? Nein, nicht in jedem Land. In Afrika, Indien oder arabischen Ländern sitzt man beim Essen meist auf dem Boden. In Japan sitzt man kniend auf den Fersen oder auf niedrigen Hockern, denn auch die Tische sind sehr niedrig. In Tansania isst du auf einer Matte sitzend. Hier solltest du beachten, dabei deinen Gastgebern nicht deine Fußsohlen zu zeigen. Das gilt als unhöflich. Wähle lieber den Schneidersitz.

Die richtige Begrüßung

Es gibt wohl kaum eine bessere Möglichkeit als durch den landestypischen Willkommensgruß, auf Reisen einen guten Eindruck zu hinterlassen. In westlichen Ländern reicht es normalerweise aus, die Hand zu geben oder unter Freunden einfach nur „Hallo" zu sagen. In Japan dagegen verbeugen sich Fremde voreinander. Das wird auch in China und Indien bevorzugt, wo dabei noch die Handflächen auf Brusthöhe beim Verbeugen aneinandergedrückt werden. Recht ungewöhnlich wirkt die Begrüßung bei den Maori, den Ureinwohnern Neuseelands: Man legt Nase und Stirn gegeneinander. Bei den Inuit in Alaska begrüßt man einander mit Nasenkuss, d. h. man reibt die Nasenspitzen aneinander. Am lustigsten begrüßen sich manche Völker Tibets: Sie strecken sich gegenseitig die Zunge raus.

Was bringt wo Glück?

Überall auf der Welt schenken sich Menschen gegenseitig Glücksbringer. Vielleicht hast du selbst einen, den du bei dir trägst, wenn du z. B. Klassenarbeiten schreibst oder wenn du zum Zahnarzt musst. Für uns sind Hufeisen, vierblättrige Kleeblätter, Glücksschweine, Fliegenpilze oder Schornsteinfeger typische Glücksbringer. In Asien ist es die Winke-Katze, die Glück bringen und gleichzeitig Unglück abwehren soll. In arabischen Ländern soll ein Anhänger mit einem dunkelblauen Auge den bösen Blick abwenden. Ägypter verehren seit dem Altertum den Mistkäfer als Glückssymbol und in Indien kleben manchmal kleine rote Fußabdrücke auf den Türschwellen. Sie laden damit das Glück ein, in das Haus einzutreten.

Schönheitsideale gestern und heute

Es heißt: Schönheit liegt im Auge des Betrachters und wenn du darüber nachdenkst, ist das wahr. Denn was aktuell als schön bewertet wird, kann vor einiger Zeit noch als das genaue Gegenteil gegolten haben. Noch vor 150 Jahren war blasse Haut angesagt, da nur Menschen gebräunt waren, die harte Arbeit im Freien verrichten mussten. Heute geht man ins Solarium, um gleichmäßig braun zu werden. Ebenso verhält es sich mit der Figur. In früheren Zeiten galt eine üppige Figur mit ausgeprägten Rundungen (genannt Barock-Figur) als besonders attraktiv und schlanke Frauen waren hässlich. Du siehst, Schönheitsideale sind nicht in Stein gemeißelt. Es gab sie schon immer und sie ändern sich im Lauf der Zeit wieder.

Eine geniale Geschäftsidee

Zur Abwechslung etwas Schräges! Durch eine Gesetzeslücke kam ein Amerikaner auf die Idee, Grundbesitz auf dem Mond anzumelden und weiterzuverkaufen. Erstaunlicherweise ist er mittlerweile mehrfacher Millionär. Vielleicht fragst du dich, wie jemand auf die Idee kommt, ein Grundstück zu kaufen, das er oder sie vermutlich niemals betreten wird. Da die ca. 4000 Quadratmeter großen Grundstücke nur umgerechnet 25 Euro kosten, ist der Kauf ein netter Gag, den sich jeder leisten kann. Sollten noch nicht alle Grundstücke verkauft sein, könnte das doch eine tolle Geschenkidee für Weihnachten oder einen Geburtstag werden. Mittlerweile stellt sich allerdings die Frage, ob diese Verkäufe ganz legal sind. Das amerikanische Recht, das die Gesetzeslücke aufweist, gilt nicht auf dem Mond.

Heiß umkämpft

Um was man sich alles streiten kann, ist manchmal schwer nachzuvollziehen. Die Hans-Insel ist eine winzige, karge und unbewohnte Insel, um die sich jahrzehntelang Dänemark (zu dem Grönland gehört) und Kanada stritten. Da sie sich nicht einigen konnten, hissten beide Länder ihre Flaggen. Ab und zu legte mal ein dänisches oder ein kanadisches Schiff an. Dann entfernten die Besucher die Flagge des Konkurrenten, zogen ihre eigene auf und hinterließen eine für das jeweilige Land typische Flasche Schnaps. Erst 2022 wurde die Insel offiziell unter den Streitenden aufgeteilt. Warum jeder sie haben wollte, bleibt wohl ewig ein Rätsel, denn auf der Hans-Insel gibt es weder Rohstoffe, noch Vegetation, noch Tiere. Sie ist nur ein großer Felsen.

Die weltweite Verteilung des Trinkwassers

Für uns ist sauberes Trinkwasser etwas ganz Selbstverständliches. Wir drehen den Wasserhahn auf und es fließt heraus. Für einen Großteil der Menschheit ist das ein Luxus! Mehr als ein Drittel der Menschen leiden weltweit unter extremer Wasserknappheit. Täglich sterben Tausende von Kindern an Krankheiten durch mangelnde Hygiene oder verdursten, weil ihnen kein sauberes Wasser zur Verfügung steht. Jährlich soll deshalb am 22. März der Weltwassertag daran erinnern, was für ein kostbares Gut Wasser ist, und dass es nicht verschwendet werden darf. Denn nicht nur wir Menschen, sondern auch Pflanzen und Tiere sind auf Wasser angewiesen. Theoretisch reichen die Wasservorkommen zwar aus, um Menschen und Tiere überall mit Trinkwasser zu versorgen, aber die gleichmäßige Verteilung ist ein riesengroßes, bisher unlösbares Problem.

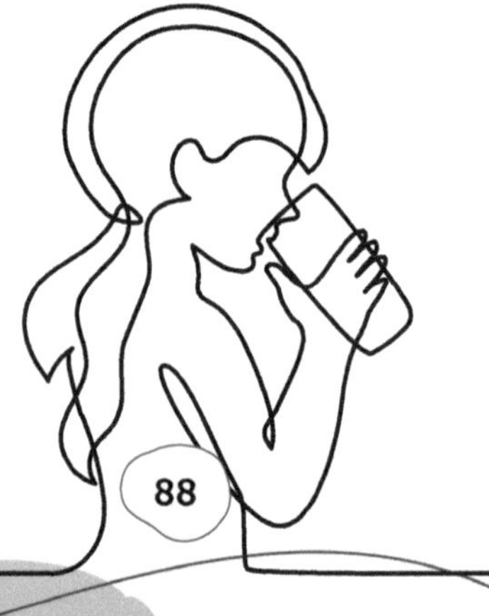

Kommunikation – mehr als nur Reden

Die Sprache der Augenbrauen

Sie haben nicht nur die Aufgabe, deine Augen vor
Schweiß oder Schmutz von der Stirn zu schützen.
Deine Augenbrauen sind auch in der Lage, deine Gefühle
spontan auszudrücken. Durch ihr Anheben drückst
du Erstaunen, Verwunderung und sogar Freude aus.
Ablehnung, Misstrauen oder sogar Wut verdeutlichst du
durch das Zusammenziehen deiner Brauen. Man kann dir
an den Augenbrauen sogar ansehen, wenn du angestrengt
nachdenkst. Im Grunde lässt sich zusammenfassen:
Negative Gefühle zeigen sich durch verkrampfte, schöne
Gefühle durch entspannte Muskeln über den Augen.
Ein spannender Test: Beobachte mal den Ausdruck der
Augenbrauen, wenn jemand mit dir redet. Passt er zu
dem Inhalt der gesagten Worte?

Über das Lügen

Wer lügt, wird auch belogen. Statistisch gesehen lügt jeder Mensch mehrmals am Tag. Schon Kinder ab 3 Jahren sind dazu in der Lage. Wenn auch nicht immer mit dem gewünschten Erfolg, z. B. wenn sie die Frage verneinen, einen Keks gegessen zu haben und die Krümel noch in ihrem Mundwinkel hängen. Später werden wir dabei geschickter, solange die Mimik, also unser Gesichtsausdruck, uns nicht dabei verrät, wenn wir die Unwahrheit sagen. Nicht jede Lüge will den eigenen Vorteil sichern oder einem anderen Menschen ernsthaft schaden. Gerade Frauen lügen oder schwindeln häufig, um einen anderen Menschen nicht zu kränken. Dafür gibt es auch den Begriff der Notlüge, denn mit allzu großer Ehrlichkeit können wir uns gegenseitig schnell verletzen.
Und wer will das schon?

Verständigung ohne Worte: die Sprache deines Körpers

Ein bekannter Philosoph hat einmal gesagt: Man kann nicht nicht kommunizieren. Was er damit meinte, ist, dass wir nicht nur mit Worten miteinander reden, sondern vor allem durch unsere Körpersprache. Neben unseren Gesichtsausdrücken, gehören dazu unsere Gesten und unsere Körperhaltung. Magst du beispielsweise einen Menschen nicht, brauchst du es ihm nicht zu sagen. Er kann es auch an deinen heruntergezogenen Mundwinkeln, dem fehlenden Blickkontakt, deinen nach vorn gezogenen Schultern und dem leicht abgewendeten Oberkörper erkennen. Passen die gesprochenen Worte und die Sprache des Körpers nicht zusammen, hast du wahrscheinlich gerade jemand bei einer Lüge ertappt.

Sind Cookies nur Kekse?

Da du mit Computer und Smartphone aufgewachsen bist, weißt du natürlich, dass es sich bei den Cookies von denen hier die Rede ist, nicht um leckere Kekse handelt. Einen digitalen Cookie, wie ihn Websites benutzen, kannst du dir wie den Krümel von einem Keks vorstellen, den eine fremde Website, die du besucht hast, auf deinem Rechner hinterlassen hat. Über diesen Kekskrümel können Informationen auf deinem Rechner gespeichert werden. Dieser Cookie wird dann bei jedem Besuch von deinem Browser erneut an diese Website vermittelt. Das kann das Surfen erleichtern. Aber du solltest dennoch deinen Surfer so einstellen, dass er nur die Cookies der Seiten annimmt, denen du vertrauen kannst.

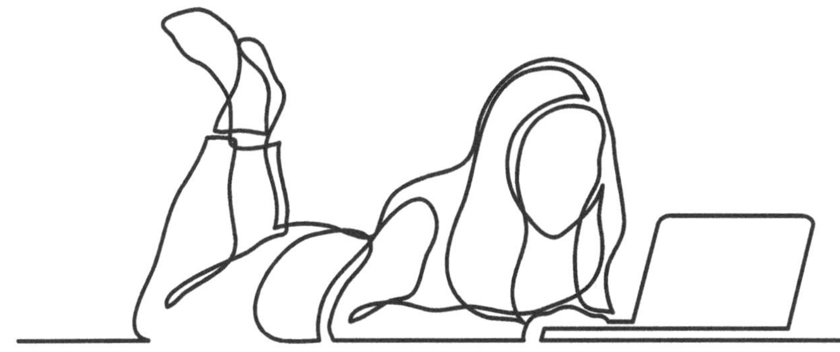

Wie erkennst du Fake News?

Auch von falschen Nachrichten, den Fake News, hast du sicher schon gehört. Es gibt ein paar Hinweise, wie du erkennen kannst, ob eine Nachricht erfunden und somit unglaubwürdig ist. Wenn du im Internet etwas liest oder ein Video siehst, das sehr einseitig dargestellt ist, kannst du überprüfen, ob es sich dabei um Fake News handeln könnte. Eine glaubwürdige Website verfügt über ein Impressum, d. h. Name, Anschrift und Kontaktmöglichkeit der Quelle sind angegeben. Wenn dir Zahlen und Erklärung unwahrscheinlich erscheinen, dann rufe andere Websites auf, um die Information gegenzuchecken. Stimmen bei einer Meldung Text und Bild bzw. Video überein? Meldungen können aus dem Zusammenhang gerissen und Bilder an einem anderen Ort als angegeben aufgenommen sein. Sei aufmerksam! Wenn dir eine Meldung merkwürdig vorkommt, dann rede mit deinen Eltern oder LehrerInnen.

Mal wieder schlechte Laune?

Gut gelaunte Menschen, die gerne lachen, sind beliebt. Aber leider stellt sich gute Laune nicht auf Knopfdruck ein. Hast du manchmal schlechte Stimmung, ohne so genau zu wissen warum? Dafür kann es verschiedene Auslöser geben, wie Hunger und Durst, Müdigkeit, Lichtmangel, Bewegungsmangel, Überforderung oder fehlende Anerkennung. Wenn du also plötzlich schlecht drauf bist, dann höre mal in dich hinein, ob einer der aufgezählten Gründe dafür verantwortlich sein kann. Lass deine Stimmung nicht an deiner Familie oder deiner Freundin aus, sondern gönne dir eine Pause, iss eine Kleinigkeit und mache einen Spaziergang. Wenn das nichts hilft, rede darüber. Wenn du den Anlass gefunden hast, lässt er sich bestimmt aus der Welt schaffen.

Mit den Fingerspitzen lesen

Lesen und Schreiben sind Fähigkeiten, die du jeden Tag brauchst. Es spielt keine Rolle, ob du deiner Mama einen Zettel auf dem Küchentisch hinterlässt oder deiner Freundin auf dem Smartphone eine Nachricht schickst. Du kommunizierst mit anderen Menschen durch Schreiben! Für blinde und stark sehbehinderte Kinder ist das schwerer. Für sie wurde deshalb die Blinden- oder Punktschrift erfunden. Mit einer Maschine stanzen sie in Punkte umgewandelte Worte auf Papier, die dann mit dem Tastsinn der Fingerspitzen gelesen werden können. Bis zu sechs Punkte bilden jeweils ein Zeichen. Die nach ihrem Erfinder genannte Braille-Schrift gibt es schon seit 1820 und sie hat seitdem vielen blinden Kindern und Erwachsenen geholfen, lesen und schreiben lernen zu können.

Durch Bilder sprechen

Für Menschen, deren Sprachvermögen durch Krankheit beeinträchtigt ist oder verloren ging, wurde ein Bildwörterbuch entwickelt. Zeigebilder aus dem Alltag helfen ihren Familienangehörigen und Pflegenden mit ihnen in Kontakt zu bleiben und herauszufinden, welche Wünsche sie haben. Auch nicht allen gesunden Menschen und insbesondere Kindern fällt es leicht, ihre Gefühle und Bedürfnisse mit Worten auszudrücken. Wenn es dir so ergeht, erleichtert es dich vielleicht, aufzumalen, was du nicht sagen kannst. Erwarte anfangs keine Meisterschaft, aber wie bei anderen Dingen im Leben wirst du mit etwas Übung Fortschritte machen. Und wer weiß, vielleicht macht es dir Freude und daraus wird dein erster Comic.

Die erneuernde Kraft des Schlafes

Ohne Schlaf geht gar nichts: Du kannst nicht denken, nicht reden, nichts tun! Ungefähr ein Drittel unseres Lebens verbringen wir Menschen im Schlaf. Unser Körper mit allen Organen und unser Immunsystem erholen sich im Schlaf von den Anstrengungen des Tages. Auch unser Geist kommt zur Ruhe und kann Erlebtes verarbeiten, um am nächsten Tag wieder neue Eindrücke aufnehmen zu können. Ohne Schlaf würdest du schnell unter Halluzinationen leiden und Dinge sehen, die es gar nicht gibt. Unser Körper zeigt uns durch Müdigkeit, dass er eine Pause braucht. Wenn du richtig müde bist, schläfst du sofort ein. Bist du nach ein paar Stunden Schlaf wieder fit, wachst du automatisch auf.

Das wichtige Wort Nein

Genauso wie die Fähigkeit dich auszudrücken, spielt auch der Inhalt deiner Worte eine große Rolle für dein Wohlbefinden. Du möchtest gern deinen Eltern, LehrerInnen und FreundInnen alles recht machen und lässt dir deshalb Dinge gefallen, die du nicht magst? Dann ist es an der Zeit, freundlich und bestimmt Nein sagen zu lernen. Du ziehst vorübergehend eine Grenze, die dich selbst schützt. Nur weil du zeigst, dass du auch mal deine Ruhe brauchst, wird dich niemand, dem du wichtig bist, weniger mögen. Selbstverständlich musst du auch ein Nein von einem anderen Menschen akzeptieren. Nur wenn ihr voneinander wisst, was ihr nicht mögt, könnt ihr aufeinander Rücksicht nehmen. Und das verbessert auf Dauer euer Verhältnis.

Werbung: Wahrheit oder Schwindel?

Ganz gleich, ob du Fernsehen schaust, im Internet surfst oder eine Illustrierte aufschlägst, du wirst mit Werbung konfrontiert. Die Werbung stammt von Firmen und hilft, den TV-Kanal oder die Internet-Seiten zu finanzieren. In der Werbung geht es um echte Schnäppchen, verlockende Angebote und Dinge, die dein Leben bereichern sollen. Sie spricht meistens deine Gefühle an. Du sollst dich durch das Produkt besser fühlen oder neugierig auf die angebotene Dienstleistung werden. Was du wissen musst: Die Versprechen und Informationen sollen dich zum Kaufen anregen und sind deshalb in den meisten Fällen übertrieben. Wenn du etwas bisher nicht gekannt hast, dann hat es dir auch nicht wirklich gefehlt!

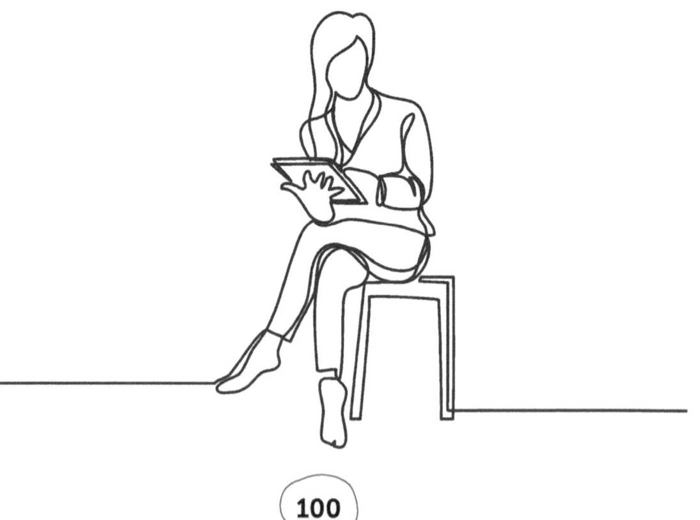

Faszinierende Natur

Am Anfang war das Feuer

Das Leben unserer Vorfahren hat sich entscheidend verbessert, als sie lernten, Feuer für sich zu nutzen. Von den Steinzeit-Menschen wurden die Flammen von durch Blitzeinschlag entstandenes Feuer künstlich am Leben gehalten. Sie konnten damit Nahrung kochen, ihre Wohnhöhlen warmhalten oder selbstgemachte Tongefäße festigen. Außerdem machte es sie unabhängiger vom Tageslicht. Erst vor ungefähr 32 000 Jahren entdeckten unsere Urahnen dann, wie Funken entstehen, indem man zwei bestimmte Steine aufeinander schlägt. Nun waren sie jederzeit in der Lage, trockenes Gras und Reisig zum Brennen zu bringen. Vermutlich gab es auch damals schon Unfälle durch unbeabsichtigte Brände und Rauchvergiftungen. Interessant ist auch: Die Bedingungen, die ein Feuer braucht, um nicht zu erlöschen, gibt es nur auf der Erde.

Die Jahreszeiten

Wir kennen die vier Jahreszeiten: Frühling, Sommer, Herbst und Winter. Sie entstehen, weil die Erde sich ein Jahr lang um die Sonne dreht, bis sie wieder an ihrem Ausgangspunkt ankommt. Gleichzeitig dreht sie sich jeden Tag einmal um ihre eigene Achse. Richtet sich unsere Erdseite Richtung Sonne haben wir Tag, wendet sie sich von ihr ab, haben wir Nacht. Folglich geht, wenn wir Nacht haben, auf der anderen Seite der Erde die Sonne auf. Die Tag-Nacht-Achse steht schräg zur Sonnenachse. Dadurch entstehen die unterschiedlichen Jahreszeiten, weil die Sonne den Erdball an verschiedenen Stellen unterschiedlich stark bescheint. Im Sommer treffen die Sonnenstrahlen steiler auf die Erde. Wir bekommen mehr Sonne ab und die Tage sind länger. Im Winter steht sie niedriger, dann ist es genau umgekehrt.

Die Ausbreitung des Menschen

Menschen sind die einzigen Lebewesen, die man heute überall über den Erdball verteilt antrifft. Die Wiege des Menschen steht jedoch in Afrika. Von dort aus haben sich unsere Vorfahren auf Wanderschaft begeben. Zuerst in den Nahen Osten und von dort nach Südasien. Vor ungefähr 50 000 Jahren kamen sie auf ihrer Wanderung in Australien an. Da sie sich zuerst an den Küsten entlang verbreiteten, entdeckten sie erst danach auch Zentralasien als Lebensraum und später Nord- und Südamerika sowie Europa. Der Grund für die Ausbreitung der frühen Menschen rund um die Erde war nicht nur Neugier, sondern auch Klimaveränderungen. In Folge derer folgten sie den großen Herdentieren, die ihre Nahrung darstellten. Entdeckten sie Orte mit günstigen Lebensbedingungen, siedelten sie sich dort an und wurden sesshaft.

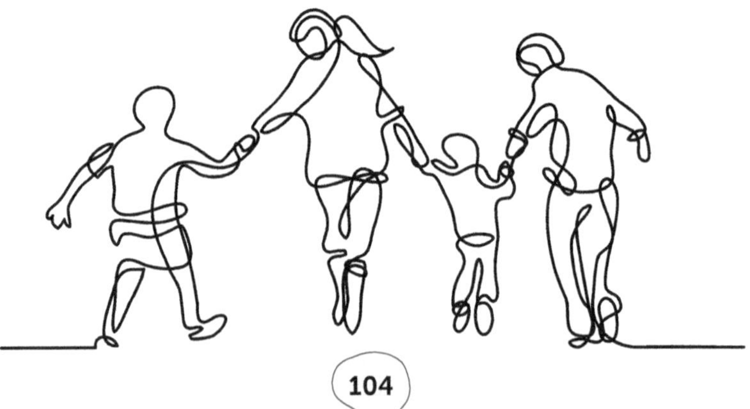

Orte ohne Lebensform

Auf den höchsten Bergen und in der Tiefsee, in der Wüste und im arktischen Eis gibt es Formen von Leben. Diese Tatsache machte Forscher neugierig und sie stellten sich die Frage, ob es irgendwo auf der Erde einen Ort gibt, an dem die Lebensbedingungen so schlecht sind, dass noch nicht einmal Bakterien dort leben können. Auf der Suche nach einem solchen Ort wurden sie in Äthiopien fündig. In den Dallol-Tümpeln in der Danakil-Senke. Die aus vulkanischen Quellen und Gasen entstandenen Tümpel sind mehr als 100 Grad heiß, außerdem äußerst sauer und sie haben einen Salzgehalt von bis zu 70 Prozent. Diese extrem lebensfeindlichen Bedingungen sind selbst den anpassungsfähigsten Mikroben und Bakterien zu viel.

Wo gibt es die sauberste Luft?

Und jetzt das Gegenteil! Zwei entfernt voneinander liegende Länder konkurrieren darin, die Orte mit der saubersten Luft der Welt zu haben. Das ist zum einen Tasmanien, eine Insel die zu Australien gehört, und südlich davon liegt. Der Grund für die frische Luft sind hier die stürmischen Westwinde, die über die Insel fegen. Zusammen mit heftigen Niederschlägen halten sie die Luft sauber. Das zweite Land, das die sauberste Luft für sich beansprucht, ist Finnland. Der Feinstaubgehalt in der Luft ist dort so niedrig, dass jeder Großstadtbewohner nur neidisch werden kann. Das mag an der wald- und seenreichen Landschaft liegen, aber auch an der vergleichsweise dünnen Besiedlung durch Menschen. Denn wir verpesten durch unseren Lebensstilselbst unsere Luft!

Arme Welt ohne Bienen

Unser Obst und unser Gemüse sowie unseren Honig haben wir den Bienen zu verdanken. Denn sie bestäuben die Blüten der Pflanzen und Bäume. Leider gibt es immer weniger Bienen. Denn der übermäßige Einsatz von Pflanzenschutzmitteln in der Landwirtschaft, die Vernichtung von Blühwiesen und deren Umwandlung in Äcker nehmen den Bienen ihren Lebensraum. Deshalb ist es höchste Zeit, etwas dagegen zu unternehmen. Würden die Bienen ganz aussterben, würden Obst und Gemüse knapp werden. Und unglaublich teuer! Mit Maschinen lassen sich Pflanzen nicht so wirksam bestäuben. Eine schlimme Folge wäre eine Zunahme von Krankheiten, weil uns Menschen nicht ausreichend gesunde und vitaminreiche Lebensmittel zur Verfügung stünden. Retten wir die Bienen! Was hältst du von der Idee, eine Bienenpatin zu werden?

Zahlen über die menschlichen Sinne

Du kannst tasten, sehen, schmecken, hören und riechen. Betrachte deinen Körper doch einmal als   kleines Wunderwerk. Das ist er nämlich! Mit gesunden Ohren kannst du unglaubliche 400 000 verschiedene Töne wahrnehmen. Bist du ausgewachsen, hast du auf deiner Zunge bis zu 5000 Geschmacksknospen. In deinem Auge sitzen Millionen von Sinneszellen, die für das Hell-Dunkel-Sehen sowie das Sehen von Farben und Bewegungen zuständig sind. Auf einem winzigen Quadratzentimeter der Haut auf deinen Fingerspitzen befinden sich ungefähr 150 Tastrezeptoren, mit denen du kleinste Dinge fühlen und ertasten kannst. Und deine Nase ist einfach genial: In ihr befinden sich rund 30 Millionen Riechzellen, die über eine Billon Gerüche unterscheiden können.

Beeindrucken und tarnen, verzaubern und warnen

Die Sprache ist von den Farben im Tier- und Pflanzenreich. Sie spielen eine bedeutende Rolle bei der Verständigung von Tieren und Pflanzen. Beispielsweise bei den Vögeln, wo sich die Weibchen ihre Partner aussuchen. Die Männchen versuchen deshalb, sie durch ein besonders buntes und schillerndes Gefieder zu beeindrucken. Auch die Tarnfarbe der Weibchen ist kein Zufall. Sie dient dem Schutz beim Brüten und Aufziehen des Nachwuchses. Manche Frösche und Schlangen signalisieren mit ihren knalligen Farben Fressfeinden ihre Giftigkeit und sichern sich so das Überleben. Chamäleons und Tintenfische können sogar ihre Farbe wechseln. Das hat zwei Gründe: Sie passen sich entweder ihrer Umgebung an oder zeigen sich gegenseitig damit ihre Gefühle. Auch Pflanzen sprechen durch Farben. Bunt blühende Pflanzen locken Insekten an, um von ihnen bestäubt zu werden.

Fleischfressende Pflanzen

Es hört sich etwas gruselig an, aber es ist wahr. Vor allem in Moorgebieten und tropischen Regionen leben Pflanzen, die Einzeller, Insekten und teilweise sogar Frösche mit intensivem Duft, leuchtenden Farben oder manchmal auch glitzernden Tropfen einer nach Nektar riechenden Flüssigkeit anlocken und fangen. Durch das Verdauen ihrer Beute versorgen sie sich mit Mineralstoffen, die ihnen in ihrem kargen Lebensraum fehlen. Je nach ihrer Art fängt die Pflanze ihre Beute meist mit Klebe- oder Klappfallen. Also entweder mit einem klebrigen Sekret, an dem z B. die Fliege haften bleibt oder mit der Schließbewegung zweier Blatthälften. Von den über 1000 Arten sind in unseren Breiten aber nur ungefähr 15 bekannt.

Sprichst du hündisch?

Nicht nur zwischen Menschen, auch zwischen Hund und Halter kann es zu Missverständnissen kommen. Hunde haben eine andere Wahrnehmung und wollen uns beschützen. Erwartest du von deinem Hund nicht nur, deine Kommandos zu verstehen, sondern lernst auch seine Körpersprache zu lesen, trägt das zu einem entspannten Verhältnis zwischen euch bei. Freude drückt ein Hund oft durch Wackeln mit dem ganzen Hinterteil aus. Geht er dabei noch in Spielhaltung mit abgelegten Vorderbeinen und hochgereckten Hinterteil, ist das eine eindeutige Aufforderung an dich, darauf einzugehen. Gar nicht zum Spielen aufgelegt, sondern ängstlich und verunsichert ist ein Hund mit einem eingeklemmten Schwanz. Zeige ihm durch deine Ruhe, dass er keinen Grund dazu hat. Gesträubtes Fell und geduckte Schulter zeigen seine Alarmbereitschaft an. Der Hund nimmt eine Gefahr für sich oder dich wahr. Das kann ein anderer Hund oder auch ein einschüchternder Mensch sein. Bleibst du entspannt, lernt er, dass keine echte Gefahr droht

Gorillas und Orang-Utans in Gefahr

Menschenaffen sind unsere nächsten Verwandten. Leider gehen wir gar nicht verwandtschaftlich mit ihnen um, sondern tragen dazu bei, dass sie heute um ihr Überleben kämpfen. Am stärksten bedroht sind die Östlichen Gorillas in Afrika. Nur noch 5000 freilebende Tiere dieser sanften Pflanzenfresser soll es heute geben. Die Gründe für ihr Aussterben sind die Vernichtung ihres Lebensraums im Wald, Wilderei, aber auch eingeschleppte Krankheiten. Orang-Utans leben nur noch in wenigen Regionen Indonesiens und Malaysias. Doch ihr Lebensraum, der Regenwald, ist extrem bedroht. Weil sie den Palmölplantagen im Weg sind, werden die Tiere auch getötet oder Jungtiere verschleppt und verkauft.

Kitzelige Katzen

Die Versuchung, eine Freundin mal so richtig durchzukitzeln, ist groß. Ist die Freundin zufällig deine Katze, solltest du es nur versuchen, wenn sie dir vertraut. Es sei denn, es macht dir nichts aus, gekratzt zu werden. Wie wir haben Katzen Stellen, an denen sie kitzelig sind. Oft ist das am Bauch oder zwischen den Pfoten. Ist es der Katze unangenehm, wird sie versuchen, deine Hand mit ihren Pfoten wegzuschieben. Kitzelst du sie weiter (was du nicht tun solltest, wenn du deine Katze magst), beginnt sie, sich zu wehren. Sie hält deine Hand mit ihren Vorderpfoten fest und kratzt mit ihren Hinterpfoten dagegen. Das macht sie nicht absichtlich, sondern es ist ein Reflex, um sich selbst zu verteidigen.

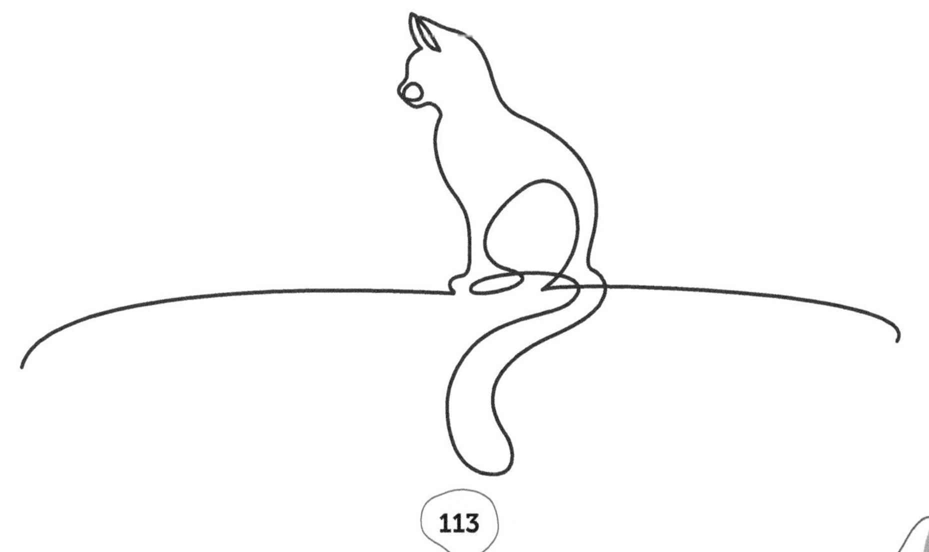

Das kleine Pferde ABC

Du wusstest bestimmt nicht, dass Pferde einen ähnlichen Geschmackssinn wie wir haben. Das bedeutet, sie können zwischen sauer, bitter, salzig und süß unterscheiden. Auch ihr Gehör und ihr Geruchssinn sind fast so ausgeprägt wie beim Hund. Mit ihren seitlich am Kopf liegenden Augen können sie fast ihre gesamte Umgebung beobachten. Die einzige Ausnahme ist der Bereich direkt vor oder hinter ihnen. Pferde sind Herdentiere, die sich nur in Gesellschaft richtig gut fühlen. Ähnlich wie Hunde haben Pferde viele verschiedene Fellfarben. Am außergewöhnlichsten ist sie bei Schimmeln. Die kommen nämlich nicht weiß oder grau, sondern dunkel auf die Welt. Man kann nur an einzelnen hellen Haaren im Fell erkennen, dass sie mit den Jahren weißer, also zu Schimmeln werden.

Wissenswertes aus aller Welt

Die älteste Hose der Geschichte

Vermutlich war eine Kombination aus um die Beine gewickeltem Fell und Lendenschurz der Vorläufer und Ideengeber für ein Kleidungsstück, das aus unserem heutigen Leben nicht mehr wegzudenken ist: die Hose. Die erste richtige Hose wurde gegen 1200 vor Christus hergestellt, wie ein Fund aus einem Höhlengrab in China belegt. Die Hose war aus Wolle gewebt und ungefähr knöchellang. Sie hielt ihren Träger nicht nur warm, sondern war auch praktisch. Den Grabbeigaben nach zu urteilen war er ein herumziehender Nomade, der auch Pferde besaß, die er ritt. Das legt den Verdacht nahe, dass die Erfindung der Hose direkt mit dem Reiten zusammenhängt.

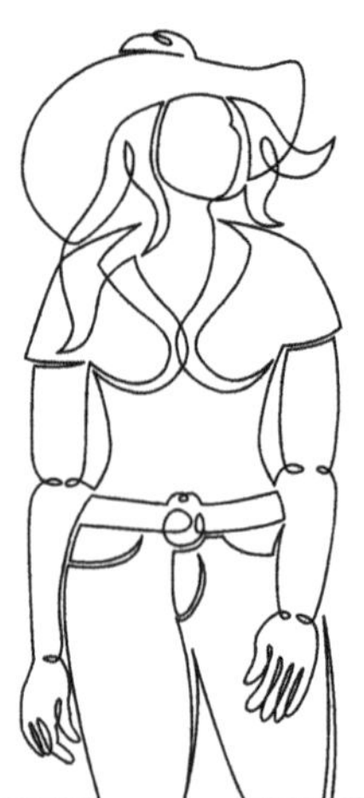

Wie wirst du zum Alltagshelden?

Viele Menschen schauen weg, wenn sie sehen, wie jemand in der Öffentlichkeit belästigt oder angepöbelt wird. Doch es gibt auch die Helden des Alltags, die eingreifen. Es beginnt schon in der Schule. Du kannst ein Alltagsheld sein, indem du z. B. einem Kind in Bedrängnis zeigst, dass es nicht allein ist oder auf einen Mitschüler, der sauer ist, beruhigend einwirkst. Niemand verlangt von dir, dich selbst in Gefahr zu bringen. Wenn ein Streit auf dem Schulhof oder im Bus aus dem Ruder läuft, solltest du immer einen Erwachsenen zu Hilfe rufen. Stell dir nur vor, du wärst in der Situation des gemoppten oder angegriffenen Kindes: Würdest du dir nicht auch wünschen, dass dir jemand zu Hilfe kommt? Nicht wegzuschauen nennt man Zivilcourage und die kann jeder lernen!

Kinderbotschafter bei UNICEF

Wie die Erwachsenen, die sich ehrenamtlich für die Hilfsorganisation UNICEF engagieren, setzen sich auch die UNICEF-Juniorbotschafter für die Rechte der Kinder in aller Welt ein. Bei deren Arbeit geht es darum, mit Aktionen Aufmerksamkeit für die Kinderrechte zu schaffen, über sie zu informieren und eventuell sogar für Projekte Spenden zu sammeln. Jedes Jahr ruft UNICEF Kinder und Jugendliche dazu auf, sich als Juniorbotschafter zu bewerben. Um Ideen zu entwickeln, kannst du dich mit Freunden oder deiner Schulklasse zusammensetzen. Es kommt dabei allein auf deine Kreativität und Fantasie an. Ob du ein Lied aufnimmst, dir ein Rollenspiel ausdenkst, ein Plakat malst oder tust, was dir sonst noch einfällt. Hauptsache ist, du führst die geplante Aktion durch und schickst dann einen Bericht darüber an UNICEF. Selbst wenn du nicht gewinnst, bekommst du eine Belohnung für deine Kreativität

Auf der Suche nach dem Täter

Ende des 18. Jahrhunderts war es ausgerechnet ein sehr gewiefter und cleverer Dieb und Fälscher namens Eugène Francois Vidocq, der die erste Kriminalpolizei der Welt gründete. Das kam so: Als Dieb wurde Vidocq immer wieder verhaftet und immer wieder brach er aus dem Gefängnis aus. Irgendwann waren er und die Polizei der Sache müde. Vidocq wechselte die Seiten und gründete das erste Detektivbüro. Mit seinem Wissen und seinen Verbindungen war er der Polizei sehr nützlich, die ihn gleich als Geheimagent anheuerte. In seiner Arbeit war er so erfolgreich, dass er 1811 die Nationale Sicherheitsbrigade zusammenstellte, die bis 1966 für kriminalistische Ermittlungsarbeit in Frankreich zuständig war.

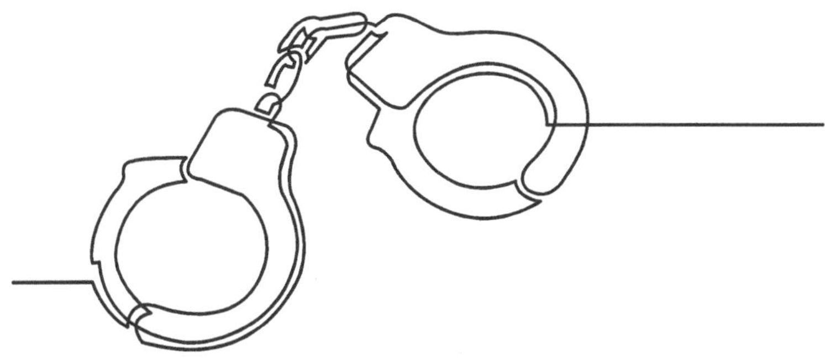

Drehen sich Windmühlen und Windräder in die gleiche Richtung?

Ist dir aufgefallen, dass sich Windräder im Uhrzeigersinn drehen? Wie kann das sein, wenn der Wind doch aus unterschiedlichen Richtungen weht? Es hat weder etwas mit der Windrichtung noch mit der Erdrotation zu tun, wie sich Windräder drehen. Der Uhrzeigersinn hat sich durchgesetzt, weil die Rotorblätter der Windräder asymmetrisch für diese Richtung geformt sind. Wollte man gegensätzlich drehende Windräder haben, müsste man die Rotorblätter spiegelverkehrt bauen. Sicher spielt auch die Optik bei einem Windpark eine Rolle. Es sieht einfach besser aus, wenn sich alle Windräder in die gleiche Richtung drehen. Doch das war nicht immer so: Früher drehten sich in Holland und Dänemark die meisten Windmühlen links herum und in Deutschland rechts herum. Das war auch bei den ersten Windrädern so.

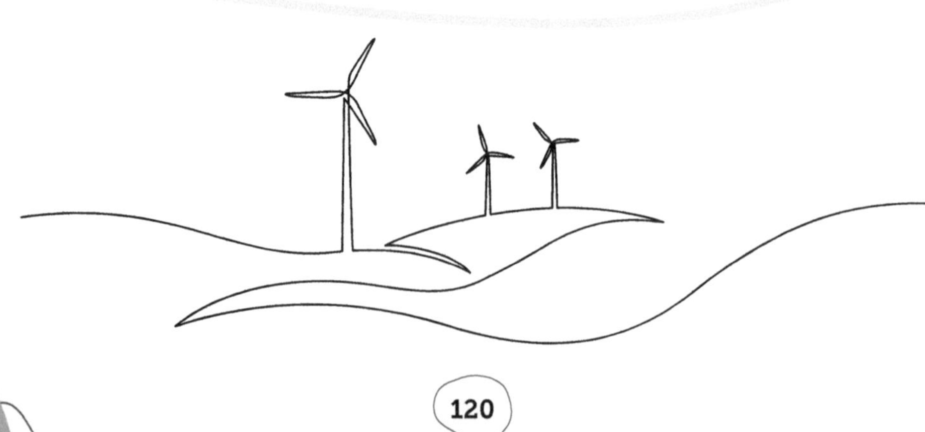

Schwarz bringt Unglück

Unter diesem Aberglauben, der sich beharrlich hält, haben auch Tiere zu leiden. Schwarze Katzen gelten in manchen Regionen heute noch als Hexenbegleiter. Dieser Aberglaube hält sich seit dem Mittelalter und ist einer der Gründe, warum es schwarze Stubentiger bei der Vermittlung im Tierheim schwerer haben als helle Katzen. Helle Tiere gelten als niedlich und werden weniger gefährlich eingeschätzt. Davon können auch schwarze Hunde ein Lied singen. Der schwarze Höllenhund mit den roten Augen scheint immer noch in manchen Köpfen herumzuspuken. Der Tierschutzbund bestätigt, dass schwarze Hunde als aggressiver und gefährlicher eingeordnet werden. Und aufgrund dieses Aberglaubens lassen sie sich leider schlechter vermitteln. Ganz gleich wie lieb und verschmust sie sind!

Die Erfindung von Nutella

Bist du ein Leckermäulchen und liebst Süßes? Dann dürfte dich interessieren, warum Nutella erfunden wurde. Nutella wurde 1940 von dem Konditor Pietro Ferrero im Piemont in Italien entwickelt. Damals herrschte der zweite Weltkrieg und der Grund für seine Experimente mit einem süßen Brotaufstrich soll die Knappheit an Kakaopulver gewesen sein. Es brachte ihn auf die Idee, das rare Kakaopulver mit einer süßen Haselnusspaste zu strecken. 1962 bekam der Nougat-Aufstrich den Namen Nutella, was sich aus dem englischen „nut" (Nuss) und der italienischen weiblichen Verkleinerungsform „ella" zusammensetzt. Damit begann eine weltweite Erfolgsgeschichte. Seit 1965 wird Nutella auch außerhalb Italiens verkauft. Der Konzern Ferrero verkauft mittlerweile pro Jahr 250 000 Tonnen Nutella in 75 Ländern rund um den Globus und die italienische Post gab zum 50. Geburtstag von Nutella sogar eine eigene Briefmarke heraus.

Der Reiz fantastischer Welten

Was ist eigentlich Fantasy? Die Wurzeln der heutigen Fantasy-Geschichten liegen in den Götter- und Heldensagen der alten Griechen. Fantasy umfasst sehr viele Bereiche und ist schwer einzugrenzen. Was die Geschichten von Einhörnern und Drachen, Elfen und Feen, Geistern, Dämonen, Vampiren, Magie und Zauberei dennoch gemeinsam haben: Sie spielen in faszinierenden und fremden Welten, fern unserer eigenen Wirklichkeit. Wir können in spannende Abenteuer eintauchen, die uns nicht ängstigen, weil sie nicht real sind. Und wenn die Helden und Heldinnen fantastischer Welten trotz ihrer übersinnlichen Kräfte dann noch mit so menschlichen Dingen wie Schulproblemen und Liebeskummer kämpfen müssen, macht das für uns die Fantasy-Welt glaubwürdiger. Wir glauben sie zu kennen und fühlen uns mit ihnen verbunden.

Gartenpiraten

Unsere Welt eigenmächtig schöner zu machen, ist leider nicht immer erlaubt. Wie die Bewegung des „Guerilla Gardening" weltweit beweist. Darunter versteht man das ungenehmigte Anpflanzen von blühenden Pflanzen und Gemüse auf dem öffentlichen Gelände einer Stadt. Deshalb setzen die Gartenpiraten ihre Aktionen auch heimlich in der Nacht um und begrünen die Seitenstreifen von Straßen, Verkehrsinseln, Hinterhöfe und Brachflächen. Trotz offiziellem Verbot freuen sich die meisten Anwohner darüber, wenn es plötzlich zwischen dem grauen Beton blüht. Nutzpflanzen wie Salat, Erdbeeren und Tomaten kommen allen zugute, die sich an der Pflege beteiligen. Meistens drücken dann auch die Städte ein Auge zu, denn es gibt ja wirklich schlimmere Verbrechen, als das Stadtbild lebenswerter zu gestalten.

Lebensechte Wachsfiguren

Die 1761 geborene Marie Tussaud war schon zu Lebzeiten als Meisterin der Wachsbildnerei bekannt. Schon in jungen Jahren wurde sie mit den lebensechten Wachsnachbildungen bekannter und bedeutender Menschen der damaligen Zeit so berühmt, dass der französische König Ludwig XVI. sie an seinen Hof in Versailles holte, wo sie als Kunsterzieherin arbeitete. Nach der französischen Revolution siedelte Madame Tussaud nach England über. 1835 eröffnete sie in London das erste eigene Wachsfigurenmuseum. Dort konnten Besucher sowohl Persönlichkeiten der damaligen Zeit als auch berüchtigte Verbrecher bewundern. Heute noch ist das Wachsfigurenkabinett von Madame Tussaud eine Touristenattraktion mit Zweigstellen in aller Welt. Neben der englischen Königsfamilie kann man sich dort Prominente von Michael Jackson bis Rihanna aus nächster Nähe anschauen.

Warum gibt es alle vier Jahre einen Schalttag?

Wir gebrauchen heute den gregorianischen Kalender, in dem ein Erdenjahr 365 Tage hat. Die tatsächliche Zeit, die die Erde braucht, um einmal komplett die Sonne zu umkreisen, wird jedoch Sonnenjahr genannt. Und dieses Sonnenjahr dauert im Durchschnitt 365,24219 Tage. Mit anderen Worten, es ist etwas länger als das Erdenjahr. Um diese Differenz immer wieder auszugleichen, wird alle vier Jahre ein Schalttag eingeschoben: der 29. Februar. Warum das so wichtig ist, ist leicht zu verstehen. Ohne Schalttage käme unsere Zeitrechnung durcheinander. Sie würde sich alle vier Jahre einen Tag vom Sonnenjahr entfernen und die Jahreszeiten würden sich immer weiter in die folgenden Monate verschieben.

... weil du ein
Mädchen bist!

Weltweite Armut benachteiligt vor allem Mädchen

Laut UNICEF treffen bewaffnete Auseinandersetzungen, die Folgen von Naturkatastrophen, Lebensmittelknappheit und auch Pandemien am häufigsten die Kinder, vor allem Mädchen. Denn wenn sich Eltern aus Armut den Schulbesuch für ihre Kinder nicht mehr leisten können, betrifft es zuerst die Mädchen, für die eine Ausbildung weniger wichtig ist. Sie sollen entweder Geld für die Familie verdienen oder werden noch im Kindesalter gegen ihren Willen verheiratet. Nur die Möglichkeit zu lernen und eine gute Ausbildung zu bekommen, verhilft ihnen zu mehr Unabhängigkeit von einem Mann und gibt ihnen die Chance auf ein erfolgreiches Arbeitsleben. Leider besuchen weltweit ungefähr 34 Millionen Mädchen noch nicht einmal die Grundschule.

Vom Fräulein und anderen Ungerechtigkeiten

Vielleicht hat dich schon einmal jemand im Scherz Fräulein genannt. Erst vor ungefähr 50 Jahren wurde im Zuge der Gleichberechtigung die Unterscheidung von Fräulein für unverheiratete und Frau für verheiratete Frauen abgeschafft. Schließlich gab es auch keine unverheirateten Herrlein. Weitere Benachteiligungen von Frauen waren: Bis 1962 durften sie kein eigenes Bankkonto eröffnen und bis 1977 brauchten sie die Erlaubnis ihres Mannes, um arbeiten zu gehen. Noch 1960 galt es für Frauen als „unschicklich" (das bedeutet unpassend) Hosen zu tragen. Auch das Recht seinen Familiennamen frei auszuwählen, gibt es noch nicht lange. Davor mussten die Frauen den Namen ihres Mannes annehmen und den eigenen abgeben. Ihre heutigen Rechte haben sich starke Frauen selbst erkämpft.

Böse Hexen in der Geschichte

In dem Märchen „Hänsel und Gretel" will die böse Hexe zwei Kinder einsperren und ihnen Unheil zufügen. Generationen von Kindern haben solche und andere Geschichten über Hexen schon Alpträume beschert. Im Altertum, aber besonders ab dem Mittelalter wurden Frauen als Hexen bezeichnet, die spezielle Fähigkeiten besaßen, z. B. Kenntnisse über Heilkräuter und Heilkunde. Oder sie wurde nur deshalb Hexen genannt, weil sie rote Haare hatten oder sich nicht anpassen wollten. Hexen wurden für Naturkatastrophen und für Hungersnöte verantwortlich gemacht. In vielen Fällen war die Anklage gleichzeitig das Todesurteil für die angeblichen Hexen. Im Gegensatz zu Europa wird in manchen Ländern Afrikas heute noch an Hexen geglaubt, die mit ihrem Zauber heilen, aber auch schaden können.

Die mutige Rosa Parks

Wenn du dich mit der US-amerikanischen Bürgerrechtsbewegung beschäftigst, wirst du auf den Namen Rosa Parks stoßen. Die mutige schwarze Schneiderin und spätere Bürgerrechtlerin war eine friedliche Aktivistin für die Rechte der schwarzen Bevölkerung. Am 1. Dezember 1955, zu Zeiten der strikten Rassentrennung, weigerte sich Rosa Parks ihren Sitzplatz in einem Bus für einen weißen Fahrgast freizumachen. Damals durften dunkelhäutige Menschen nur auf bestimmten Sitzen im hinteren Teil eines Busses Platz nehmen. Die Polizei wurde gerufen, Rosa Parks wurde aus dem Bus geworfen und bekam eine Anzeige. Die strikte Rassentrennung galt damals übrigens nicht nur für Busse, sondern für fast alle Bereiche des öffentlichen Lebens, wie Schulen, Aufzüge, Toiletten, Parkbänke usw. Rosa Parks Mut aktivierte andere Menschen und löste den Busboykott von Montgomery aus, der als einer der Auslöser der Bürgerrechtsbewegung gilt.

Fakten über Liebeskummer

Die Seele schmerzt so sehr, dass du glaubst, gleich tot umfallen zu müssen. Dabei war eben doch noch alles in Ordnung. Nun leidest du unter einer Krankheit, gegen die es keine Medizin zu geben scheint: Liebeskummer. Dein Freund oder deine Freundin hat mit dir Schluss gemacht. Aber was dir gerade wie das Ende deines Lebens erscheint, ist es nicht. Bei Liebeskummer durchlebst du in der Regel vier Phasen: die Phase, in der du es nicht wahrhaben willst, gefolgt von der Trauerphase, die nach einer Weile zur Verarbeitungs- und schließlich in die Akzeptanz-Phase führt. Um deinen Liebeskummer zu überwinden, hilft es dir, deine Gefühle zuzulassen und mit vertrauten Menschen darüber zu reden. Kannst du das nicht, dann schreibe Tagebuch und unternimm Dinge, die dir gut tun. Verwöhne dich! Loszulassen fällt schwer. Auszumisten hilft dabei. Wenn du glaubst zu verzweifeln, sage dir, dass fast jeder schon einmal Liebeskummer hatte.

Schminken im Lauf der Zeit

Schon von den alten Ägyptern, Griechen und Römern wissen wir es: Sie schminkten sich und betrieben Körperpflege. Um den Göttern mit ihrem Aussehen zu gefallen, benutzten sie Öle für die Hautpflege und aus natürlichen Zutaten selbst hergestellte Augenschminke. Beide Geschlechter schminkten und ölten sich zu bestimmten Gelegenheiten. Die Grenze verlief nicht zwischen Frau und Mann, sondern zwischen reich und arm. In Griechenland machten bald auch Händler Geschäfte mit Kosmetik (von griechisch „kosméo" = schmücken). Im Christentum sollten dann die inneren Werte des Menschen gelten. Schminken kam im Mittelalter völlig aus der Mode und erlebte erst im Spätbarock an den Adelshöfen seine Wiedergeburt. Um sich vom einfachen Volk abzugrenzen, schminkte der Adel seine Gesichter weiß und die Lippen rot. Der erste moderne Lippenstift wurde erst im Jahr 1883 erfunden.

Kleine Kakaokunde für Naschkatzen

Ist dein erster Gedanke: „lecker", wenn du an Kakao denkst? Dann interessiert dich vielleicht, woher Kakao stammt und wie daraus Schokolade wird. Lange bevor wir Europäer den Genuss von Kakao schätzen lernten, kannten die Hochkulturen der Maya und Azteken schon die Vorzüge der Kakaopflanze. In erster Linie galt die Kakaobohne als Medizin, da Kakao den Körper entgiften hilft, später dann als Getränk. Um 1700 kam man auf die Idee, gemahlene Kakaobohnen mit Zucker und Milch zu vermischen. Die entstandene Schokolade konnten sich nur reiche Leute leisten. Erst gegen 1800 begann man Schokolade maschinell herzustellen und im späten 19. Jahrhundert waren Schokoladenrezepte so verbreitet, dass Schokolade ein Massenprodukt wurde. Heute wird deshalb Kakao nicht mehr nur in seiner Heimat Mittelamerika angepflanzt, sondern in vor allem in großen Plantagen in Afrika und Asien. Die weltweite Nachfrage nach Kakao und Schokolade ist eben riesig.

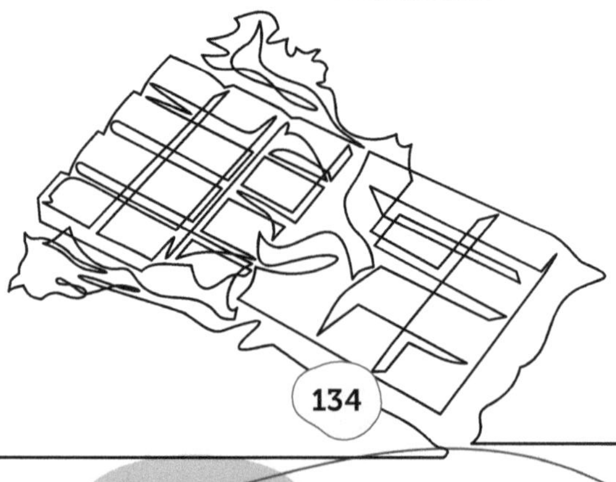

Typisch Frau, typisch Mann?

Stimmen die Vorurteile über schwache Frauen, die gerne reden und starke Männer, die nicht zuhören? Über Mädchen, die am liebsten rosa Kleidchen tragen und mit Puppen spielen und über Jungen, die sich nur für ihre Autos interessieren? Rollenbilder haben nicht unbedingt etwas mit dem Geschlecht zu tun. Vielleicht verhalten sich viele Kinder einfach nur, wie es von ihnen erwartet wird. Weil sie von ihren Eltern dazu erzogen wurden oder sie sich die Rollenaufteilung von den Eltern abschauen. Zum Glück sind die Rollenbilder heute oft auch bei den Erwachsenen nicht mehr so klar festgelegt. Wenn Papa den Abwasch erledigt und Mama das Fahrrad repariert, dann dürfen Mädchen auch auf Bäume klettern und mit Autos spielen und Jungen dürfen malen und tanzen.

Mal einfach die Welt umradeln

Gesagt, getan, mag sich Anna Kopchovsky gedacht haben, als sie 1894 als erste Frau auf das Fahrrad stieg, um damit die Welt zu umrunden. Dabei hatte sie nur wenige Tage zuvor erst das Radfahren gelernt. 15 Monate durften ihr Mann und ihre vier Kinder zuhause auf ihre Rückkehr warten. Von der Reise brachte sie das damals stolze Preisgeld von 10 000 Dollar mit. Durch ihre Reise brach sie mit einigen Rollenvorstellungen und mit dem damaligen Frauenbild. Ihre aufregende Reise begann in Boston in einem langen Rock auf einem schweren Damenrad und endete in Chicago in Hosen auf einem leichteren Herrenrad. Auch damit wehrte sich Anna gegen die altmodischen Vorstellungen ihrer Zeit. Sie finanzierte ihre Reise vor allem durch Werbeplakate am Fahrrad und durch Zeitungsinterviews, wobei nicht alle ihrer Berichte immer auch der Wahrheit entsprachen.

Lady Ada Lovelace

Eine weitere ungewöhnliche Frau der Geschichte war Ada Lovelace. Sie bewies, dass eine bekannte Gesellschaftsdame auch Köpfchen besitzen kann. Die Lady verfügte über großes mathematisches Wissen. Obwohl es Frauen in der ersten Hälfte des 19. Jahrhunderts noch nicht gestattet war zu studieren, gilt sie als Erstellerin erster Computerprogramme. Und das lange bevor es überhaupt Computer gab! Gemeinsam mit dem Erfinder Charles Babbage arbeitete sie an einer Maschine zur Berechnung mathematischer Tafeln. Ada Lovelace erkannte, dass die Maschine mehr konnte, als nur Zahlen berechnen. Erst nach ihrem Tod wurde die Wichtigkeit ihrer Aufzeichnungen, die ein komplettes Computerprogramm umfassten, anerkannt. Die Maschine wurde leider niemals fertiggestellt, doch immerhin wurde die Programmiersprache Ada nach ihr benannt

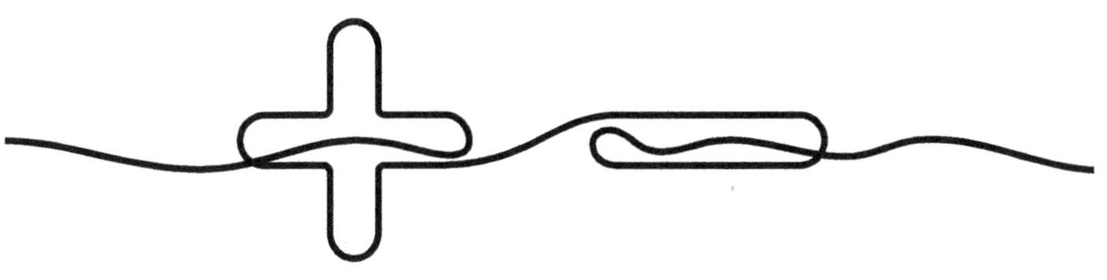

Von Schutz zu Mode: die Entwicklung der Kleidung

Kleidung tragen wir Menschen aus verschiedenen Gründen: Sie bietet uns Schutz, zeigt unseren Geschmack und betont unsere soziale Stellung. Unsere fernen Vorfahren schützten sich ausschließlich mit Tierhäuten vor Wind und Wetter. Erst als der Mensch anfing zu reisen und Handel zu treiben, fand er andere Materialien zur Herstellung seiner Kleidung. Im Mittelalter zeigten Material, Schnitt und Kopfbedeckung, welchem sozialen Stand seine Träger und Trägerinnen angehörten. Auch in den folgenden Jahrhunderten ließen sich Reichtum und Ansehen an der Pracht der Kleider ablesen. Du kannst dir vorstellen, wie schwer es gewesen sein muss, sich in Metern von verarbeitetem Stoff zu bewegen. Seit dem vergangenen Jahrhundert wurde Mode dann vielfältiger, bunter und bequemer. Und auch die Trends ändern sich immer schneller. Doch ein Kleidungsstück überlebte alle Moden des vergangenen Jahrhunderts: die vielseitige und bequeme Jeanshose.

LASS UNS WISSEN, WAS DU DENKST!

Dein Feedback ermöglicht es uns, gemeinsam großartige Bücher zu gestalten. Deshalb würden wir uns über eine ehrliche Rezension freuen.

Scanne einfach den folgenden QR Code und gib ein ehrliches Feedback ab:

Entdecke weitere Bücher in unserem **Onlineshop**

www.kroko-verlag.com

Impressum

Originalausgabe
Erste Auflage 2023
© 2023 Kroko Verlag, ein Imprint der Sunshift LLC,
St. Petersburg, USA
© Giselle Brams

Für Fragen und Anregungen:
kontakt@kroko-verlag.com

ISBN Taschenbuch: 978-3-949809-37-8
ISBN Hardcover: 978-3-949809-38-5

Redaktion: Susanne Höfer
Lektorat und Korrektorat: Meike Licht
Covergestaltung: Danileoart, www.danileoart.com
Satz und Layout: Danileoart